TAROT EXPRESS
L'ART DE LIRE L'AVENIR

Michèle Mazilly

TAROT EXPRESS
L'ART DE LIRE L'AVENIR

Comment tirer les lames soi-même et développer son intuition grâce au tarot

De Vecchi

Je dédie ce livre à mes enfants, Johan et Lydwine, qui ont su, à travers toutes ses années, faire naître, mûrir et garder leur propre personnalité tout en respectant ma philosophie de vie.

Je remercie toute l'équipe qui m'a aidée à mettre en œuvre ce livre, ainsi que mes élèves qui m'ont encouragée dans cette voie et dans cette réalisation.

Introduction

Intuition par le tarot

De nos jours, le mot « intuition » n'a de cesse d'être évoqué dans nos conversations, qu'elles soient d'ordre personnel (amis, famille, relations en général...) ou professionnel (échanges commerciaux, création, artisanat, médecine, politique et bien d'autres métiers).

Nous faisons de plus en plus appel à cette intuition. Elle devient une partie de nous-même. Importante, nous la côtoyons, nous la ressentons et l'intégrons à nos idées, à nos décisions. À force de la travailler, elle devient une amie chère à nos yeux, que nous ne pouvons plus quitter et appelons dès que le besoin s'en fait ressentir. Elle est présente et s'exprime indépendamment de nous, d'une façon inconsciente.

Le tarot de Marseille peut nous aider à confirmer nos intuitions dans le concret. Il constitue un support simple et intéressant pour rentrer dans le monde de l'invisible, mais aussi pour obtenir des réponses pratiques.

À question simple, réponse claire, c'est pour cette raison que je ne rentre pas en détail dans la signification et le symbolisme du tarot de Marseille[1].

Au fil du temps, il devient un outil indispensable qui nous aide dans notre quotidien. Il y a évidemment, dès le départ, une pratique du tarot qu'il nous est demandé de travailler, petit à petit, grâce aux images, aux couleurs, aux ondes qu'il dégage. Ainsi, nous obtenons un langage qui nous est propre.

---

1. Le lecteur intéressé peut se référer à l'abondante bibliothèque existant en librairie sur le symbolisme ou la méditation sur le tarot.

Chaque personne est un cas particulier. Chaque individu face à son tarot de Marseille reçoit les informations qui lui sont destinées, et non celles du voisin. C'est, aujourd'hui, l'outil le mieux adapté pour développer l'intuition dans n'importe quel domaine et, surtout, il est accessible à tous…

Il peut s'apprendre sous forme de cours particuliers, séminaires, formations, ou au sein d'entreprises ouvertes à ce langage et sur l'avenir de notre société.

Pourquoi le tarot de Marseille ?

Il est important de souligner avant tout que j'ai choisi comme support le tarot de Marseille parce que celui-ci parle beaucoup de lui-même, à travers ses images, ses couleurs vives, son format.

Cela peut surprendre, mais l'intuition est en chacun de nous depuis notre plus tendre enfance, seulement nous n'en avons pas forcément conscience. Il peut passer des années sans que vraiment nous nous en rendions compte, jusqu'au jour où, tout d'un coup, quelque chose nous interpelle, des événements de notre vie nous amènent à nous poser certaines questions.

Pourquoi suis-je passé par là aujourd'hui alors que ce n'était pas prévu et ai-je rencontré cet ami que je n'avais pas vu depuis des années ? Bizarre ! Hasard ? Non, vous savez très bien que c'est impossible. Effectivement, vous deviez passer par là, ce jour-là, et votre ami aussi, mais pour d'autres raisons. Il devait se trouver là pour vous rencontrer : c'est, en quelque sorte, un signe du destin.

Cela dit, il peut se passer des événements durant des mois voire des années sans pour autant y prêter vraiment attention jusqu'au jour où un déclic a lieu. On devient réceptif, à l'écoute d'autre chose, soit parce que quelqu'un nous en parle, soit que d'autres circonstances nous interpellent, et la question vient se poser naturellement à nous.

Un beau jour, c'est la révélation : le hasard n'existe pas. On sent davantage les ondes, les êtres qui nous entourent. C'est à partir de ce moment-là que l'on veut développer cette intuition. Le tarot peut alors intervenir, tout en s'appuyant sur elle. La développer, la gérer, être en osmose avec elle, c'est ainsi que nous nous projetons dans un autre monde, franchissant la frontière avec l'invisible.

Je vous invite dès aujourd'hui à me suivre au-delà de cette frontière et à accéder, dans l'unité, aux messages que l'on voudra bien nous donner à travers ce support qu'est le tarot.

À vos lames !

À qui tirer les lames, les cartes, les arcanes ?

Vous pouvez vous-même vous tirer les cartes en posant des questions directes. Vous êtes, à ce moment-là, le consultant.

Vous pouvez aussi tirer les cartes à quelqu'un, et vous êtes le cartomancien. Sa position par rapport à vous est alors prépondérante. En effet, soit le consultant s'installe près de vous, généralement à gauche (le côté du cœur, le cœur qui parle) ; soit face à vous de façon à maintenir un champ vibratoire visuel sur la table et obtenir un bon cheminement de consultation. Dans tous les cas, la position du consultant doit lui permettre d'attraper les lames facilement.

Vous pouvez aussi faire un jeu pour quelqu'un d'absent en prenant soin de prononcer le prénom de cette personne au préalable.

Exemple

Une amie vous appelle de Vendée et vous demande conseil sur son travail. Vous visualisez votre amie. Par *visualiser*, j'entends *imaginer* votre amie devant vous. Pour ce faire, pensez très fortement à elle et à sa question.

Coupez le jeu et disposez le tirage express sur la table. Ensuite, interprétez.

Ce tirage demande une certaine dextérité, c'est pourquoi je vous recommande au départ de travailler votre tarot pour vous, avant de tirer les cartes à votre entourage.

N'oubliez pas que le tarot est un support parlant et qu'il est donc important de le respecter, par la formulation de vos questions et l'ordre dans lequel vous les formulez.

Exemple

Si vous posez comme question : « vais-je déménager ? », et qu'ensuite vous demandez si vous allez vendre l'appartement dans lequel vous vivez actuellement, l'ordre des questions n'est pas bon, et le tarot vous répondra de façon évasive.

L'ordre des questions serait : 1. Vais-je vendre mon appartement ? 2. Cette année ? 3. Vais-je déménager ? 4. Cette année ?

Nous arrivons à quatre questions posées dans l'ordre, et vous remarquerez que la formulation est claire et directe. Vous ne pouvez donc qu'obtenir une réponse claire à chaque question.

N.B. : L'expression « tirer les cartes » peut paraître familière mais, plus fréquemment, on peut aussi dire « lire » les cartes, les lames, les arcanes.

Les 22 lames majeures du tarot de Marseille

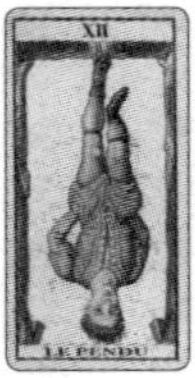
XII
LE PENDU

XIII

XIIII
TEMPERANCE

XV
LE DIABLE

XVI
LA MAISON DIEU

XVII
L'ETOILE

XVIII
LA LUNE

XVIIII
LE SOLEIL

XX
LE JUGEMENT

XXI
LE MONDE

LE MAT

Explication des vingt-deux lames majeures

Nous allons maintenant prendre notre jeu de tarot et en trier les lames. Je signale que, tout le long de cette initiation, le mot « lame » reviendra souvent. Je l'utiliserai à la place de « carte », terme qui m'apparaît trop léger pour entrer en communication avec l'infini.

COMMENT LIRE LES CHIFFRES ROMAINS

Bateleur :	I	se lit	1	
Papesse :	II	se lit	2	
Impératrice :	III	se lit	3	
Empereur :	IIII	se lit	4	
Pape :	V	se lit	5	
Amoureux :	VI	se lit	6	
Chariot :	VII	se lit	7	
Justice :	VIII	se lit	8	
Hermite :	VIIII	se lit	9	
Roue de Fortune :	X	se lit	10	
Force :	XI	se lit	11	10 + 1 = 11
Pendu :	XII	se lit	12	10 + 2 = 12
Arcane sans nom :	XIII	se lit	13	10 + 3 = 13
Tempérance :	XIIII	se lit	14	10 + 4 = 14
Diable :	XV	se lit	15	10 + 5 = 15
Maison Dieu :	XVI	se lit	16	10 + 5 + 1 = 16

Étoile :	XVII	se lit	17	10 + 5 + 2 = 17
Lune :	XVIII	se lit	18	10 + 5 + 3 = 18
Soleil :	XVIIII	se lit	19	10 + 5 + 4 = 19
Jugement :	XX	se lit	20	10 + 10 = 20
Monde :	XXI	se lit	21	10 + 10 + 1 = 21
Mat :	0	se lit	0	

Nous allons, tout le long de cette initiation, travailler ces 22 lames majeures.

Vous avez donc entre les mains 78 lames, mais nous allons ensemble les séparer, car nous n'utiliserons que les 22 lames majeures.

Les voici en détail :

Le Bateleur : lame I

Se trouve être un homme derrière un établi, avec devant lui un tas d'outils. On le représente comme le consultant ; esprit d'initiative, point de départ de toute chose, de tout événement.

Express (interprétation éclair)
Le début de quelque chose, d'une entreprise, la nouvelle que l'on reçoit par courrier, fax, téléphone, nouvelle rapide. Lame de communication avant tout, c'est une lame neutre, ni positive ni négative, vous comprendrez plus tard lors du tirage.

La Papesse : lame II

La consultante, s'il s'agit d'une femme, représente la fécondité, la grossesse, le secret, une certaine sagesse, une femme solide, sereine et dans l'écoute de son prochain.

Express

Pour le consultant, on parle d'une femme, dans le cas de la consultante, c'est elle-même.

L'Impératrice : lame III

Femme de lettres, intelligente, représente le courrier, les écrits, les conseils, la multiplication de ce que l'on entreprend. Femme active, entreprenante.

Express

L'Impératrice représente dans le tirage une femme plus âgée que soi et une autre femme par rapport à la consultante.

L'Empereur : lame IIII

Représente la force, la volonté, l'homme qui agit et qui gère ; chef d'entreprise dynamique, c'est généralement un homme d'âge moyen et le consultant s'il est lui-même un homme d'âge moyen.

Express

Réussite dans vos entreprises, qu'elles soient commerciales, financières ou autres. Il s'agit d'une lame uniquement matérielle, et non spirituelle.

Toujours faire attention à l'emplacement et à l'accompagnement dans le tirage.

Le Pape : lame V

Homme sage, pondéré, serein, aimant la loi, d'une grande moralité. Homme de bon conseil.

Express
C'est l'équilibre avant tout, un peu comme la Papesse plus haut, homme plus âgé que l'Empereur ou plus mûr selon l'accompagnement dans le tirage.

L'Amoureux : lame VI

On se trouve à un carrefour, ce qui implique une double situation ou double possibilité. Les trois personnes sur cette lame sont en train de discuter et de voir ensemble quelle est la bonne direction ou solution par rapport à un problème. Le petit ange au-dessus d'elles démontre que lui-même ne sait pas où décocher sa flèche.

Express
Hésitation, choix, attente de décision. Cette lame peut représenter les enfants, ou l'enfant, le signe du Gémeau, signe double dans le zodiaque, une réponse pas claire.
Dans ce cas, il faut reposer la question un autre jour, car si vous persistez sur la même question, la réponse ne sera pas claire. Il y aura deux possibilités ou solutions et vous vous perdrez dans l'interprétation.

Le Chariot : lame VII

Mouvement dynamique de cette lame ; l'homme se trouve dans le chariot entraîné par deux chevaux vers la victoire. C'est une lame qui nous emmène sur le chemin de la réussite et de la gloire.

Express

Réussite en générale, pour toutes circonstances, voyages, départ ou arrivée ; représente le Sagittaire dans le zodiaque, aimant l'aventure et les voyages ; mouvement positif.

La Justice : lame VIII

On se trouve devant une femme, avec dans une main une balance, pesant le pour ou le contre, et dans l'autre un glaive donnant le pouvoir de juger, de comparer de châtier avec rigueur et inflexibilité. Justice des hommes.

Express

La Justice, pondération, retour à l'équilibre, rigueur, sentence, droit, représente le signe de la Balance dans le zodiaque, le notaire, l'avocat, l'huissier, la loi en général, tous les métiers de justice. Elle a également un rapport avec ce qui tourne autour du travail, le contrat de travail par exemple.

L'Hermite : lame VIIII

L'homme est courbé, avec le poids du monde sur les épaules ; il a bien vécu, vu des tas de choses, parcouru le monde. La lanterne qu'il tient à la main démontre qu'il n'a pas beaucoup besoin de lumière pour avancer, étant lui-même la lumière, la sagesse.

Express

Sagesse, résultat, retour à l'équilibre, expérience, enseignement, solitude, une certaine tristesse en lui. Il représente un guide dans la vie, les vieillards, l'initiation et le Capricorne dans le zodiaque.

La Roue de Fortune : lame X

On se trouve devant une roue entraînée par un raton ; c'est la roue de la vie. Après la pluie, le beau temps. Nous arrivons à des changements dans notre vie, assez rapides lorsque nous nous trouvons devant cette lame.

Express

Mouvement, modification, évolution, en un mot changement rapide dans n'importe quelle situation. Selon les lames proches, cela peut être un changement positif ou négatif.

La Force : lame XI

Une femme debout, maîtrisant l'animal, apporte à cette lame un climat de force physique et psychique, une puissance d'action dans tous les domaines, une maîtrise et un dépassement de l'ego.

Express

C'est l'énergie avant tout, la force, la sexualité, l'impulsion. Représente le Lion et le Bélier dans le zodiaque, signes tous deux puissants, par la force et le caractère impulsif. Cette lame renforce une situation donnée ou l'importance d'un événement. Nous le verrons plus tard dans l'explication d'un tirage.

Le Pendu : lame XII

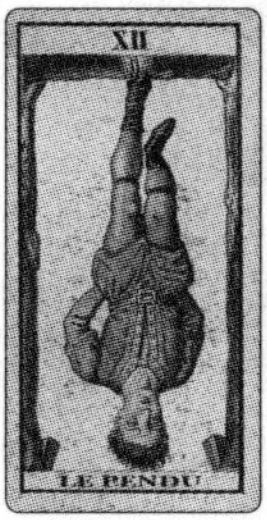

Tout d'abord, une évidence : une personne se trouve être pendue par un pied, les mains nouées derrière le dos. Malgré cette situation délicate, si vous retournez la lame, vous constatez que le visage reste serein, en attente de quelque événement.

Express

Cela veut dire que l'on se trouve coincé dans une situation ; entrave, immobilisation, échec ou aveuglement par rapport à une situation donnée, par exemple : travail, amour, santé, etc. La situation étant bloquée, mieux vaut patienter et reposer la question plus tard.

L'Arcane sans nom : lame XIII

Cette lame apparaît pour beaucoup de monde comme une lame difficile. Elle représente effectivement un squelette, tenant une faux, mais signifie qu'on a envie de nettoyer sa vie, son passé.

Express

Lame de transformation, mais aussi de libération par rapport à une situation donnée ; la fin d'un cycle. On arrive à une échéance, un tournant dans la vie, et on se sent obligé d'avancer en cassant certains éléments. Elle évoque une transformation profonde et importante.

La Tempérance : lame XIIII

Une femme au dos ailé, un ange, tient entre ses mains deux vases entre lesquels circule de l'eau, élan de communication ; on transvase un élément. Passage d'un lieu à un autre. Cette lame annonce un changement, des possibilités nouvelles dont on n'a pas encore conscience, le destin du consultant étant bouleversé au moment où l'on s'y attend le moins.

Express

Communication avant tout, par téléphone, fax, courrier. Déplacement par air, eau, terre. Voyage, mobilité, transformation, initiation. Représente le Verseau ou la Vierge dans le zodiaque. C'est un changement certain, qui arrive prochainement. Mouvement dans le temps, de 0 à 3 mois.

Le Diable : lame XV

C'est davantage une lame liée au plan matériel, touchant la passion, la sexualité, l'argent ou la santé. Un diable porté par deux diablotins, masculin et féminin, représentent le jeu de l'amour, des finances, la tentation en toute chose, la manipulation.

Express

C'est la passion avant tout, la sexualité, la tentation, la séduction, la richesse et la manipulation. Désigne le signe du Scorpion dans le zodiaque. Désir, maladie, santé, médecin, financier.

La Maison Dieu : lame XVI

Représente les difficultés dans la vie. La fin d'une situation. Une tour qui s'écroule en entraînant quelques personnes dans sa chute.

Express

Catastrophes face à une situation donnée, accident, chute, échec, arrêt brutal. Ne pas continuer le tirage, reprendre un autre jour, climat difficile dans toutes les circonstances. Lame pas toujours facile à interpréter.

L'Étoile : lame XVII

Lame rayonnante, puisque une femme, au centre, se trouve entourée d'étoiles, celle-ci est proche d'une oasis, où elle vient trouver un réconfort. Comme toute étoile, celle-ci guide vers un meilleur destin.

Express

Lame de consolation, de paix retrouvée après des difficultés, un décès. Lame qui réchauffe le cœur, nous montrant le chemin à prendre, nous guidant vers quelque chose d'heureux. Lame de protection divine. En général, elle transforme un tirage difficile. Grâce à l'étoile, le tirage redevient positif, protégé.

La Lune : lame XVIII

Deux loups, proches d'une oasis, la nuit : signification ésotérique très importante, elle représente l'astre au cours le plus rapide, la Lune, amenant des changements, mais jamais très nets, flous.

Express

Représente la nuit, le doute, le flou, le mirage, les rêves, le soir. Elle représente aussi tout ce qui touche la femme, la fécondité, les cycles, les organes féminins et aussi la popularité, la foule. C'est une lame très difficile à interpréter, complexe, riche en possibilités.

Le Soleil : lame XVIIII

Un beau Soleil apparaît sur cette lame, illuminant un couple, bien heureux de se trouver en dessous. Réchauffe une situation. Confirmation d'un nouvel amour, d'un nouveau projet.

Express

Le Soleil représente avant toute chose le jour, la rayonnance, une bonne nouvelle, quelque chose d'heureux qui ne peut que vous arriver avec cette lame ; mais aussi la lumière, un réconfort face à une situation. Éclaircissement, gloire, succès, triomphe, réussite, fidélité, chance prochaine pour le consultant. Elle atténue les effets maléfiques des autres lames dans un tirage.

Le Jugement : lame XX

Trois personnes se trouvent autour d'une table en train de discuter et de prier, attendant le Jugement divin, et, au-dessus d'elles, un ange leur souffle la solution.

Express

Cette lame est très importante dans le jeu, jugement ou solution venant de plus haut, justice divine. Lorsqu'on ne trouve pas de solution ici-bas sur cette Terre, il y a obligatoirement une loi divine où une solution divine. Lame spirituelle qui tranche en amenant la direction à prendre. Lame bénéfique, rapide dans son action, révélation, dénouement d'un problème, justice qui vient du ciel, que l'on ne peut maîtriser.

Le Monde : lame XXI

Cette lame représente un aboutissement, un accomplissement. Plénitude, triomphe, réussite, on arrive enfin à ce qu'on désire.

Express

Plénitude, éclat, joie. Très bonne lame dans un tirage. Tout va pour le mieux, tout se rééquilibre.

Le Mat : lame 0, ou Arcane sans chiffre

Représente un homme avec, pour tout bagage, un baluchon, sur le départ. Le chien à ses trousses n'arrive pas à le retenir. Rien n'arrête cet homme. Il fuit une situation.

Express

Lame qui indique une fuite de la réalité, l'irresponsabilité face à une situation donnée, la tromperie, mais aussi, ne l'oublions pas, un élan vers quelque chose selon la position dans le jeu. On va vers quelque chose.

FLASHES SUR LE TAROT

I Le Bateleur : appel téléphonique, message, lettre, nouvelle, fax.

II La Papesse : sagesse, féminité, fécondation, consultante.

III L'Impératrice : réussite, gloire, intelligence, courrier, autre femme que soi dans le tirage. Multiplication des événements.

IV L'Empereur : culmination, réussite, homme jeune, Taureau dans le zodiaque.

V Le Pape : homme sage qui a bien vécu, équilibre, moralité, homme de bon conseil.

VI L'Amoureux : choix, doute, enfant, hésitation, amour, signe des Gémeaux.

VII Le Chariot : voyages, déplacements, réussite financière, signe du Sagittaire.

VIII La Justice : équilibre, rigueur, justice des hommes, notaire, avocat, contrat de travail, signe de la Balance.

VIIII L'Hermite : isolement, solitude, sagesse, secret, spiritualité, lame du temps, signe du Capricorne.

X La Roue de Fortune : changement, rapidité, évolution.

XI La Force : puissance, force, sexualité, renforce toujours la carte de droite dans un tirage, signe du Bélier dans le zodiaque.

XII Le Pendu : situation coincée, bloquée, en attente d'une solution, signe des Poissons.

XIII L'Arcane sans nom : transformation, fin de quelque chose, mutation positive ou négative.

XIIII La Tempérance : temps qui passe, circulation, enseignement, signe du Verseau et de la Vierge.

XV Le Diable : passion, sexualité, santé, finances, désir, signe du Scorpion.

XVI La Maison Dieu : catastrophes, fin de quelque chose.

XVII L'Étoile : rayonnement, éclaircissement, joie, bonheur, lame spirituelle.

XVIII La Lune : doute, fécondité, mirage, nuit, signe du Cancer.

XVIIII Le Soleil : retour au bonheur, réussite, harmonie, signe du Lion.

XX Le Jugement : changement, révélation, dénouement positif, jugement spirituel.

XXI Le Monde : aboutissement, élévation, éclat, positif sur toute la ligne.

0 Le Mat ou L'Arcane sans chiffre : insouciance face à la vie, aux problèmes, errance et aussi élan vers autre chose.

Ces flashes vont vous aider à dépasser la lecture du tarot et vous amener à l'intuition. Bien sûr, vous pouvez retourner aux pages précédentes si cela ne vous convient pas, mais c'est un premier pas vers l'intuition.

Le rituel : méthode pour accéder à l'intuition

« Rituel » est un bien grand mot, mais il est tout de même nécessaire dans le déroulement d'une consultation. Il s'agit tout d'abord de trouver une pièce dans la maison ou l'appartement. Un endroit qui vous inspire, où vous vous sentez bien. Un endroit si possible clair avec des murs blancs ou pastel. Néanmoins, si vous ne disposez pas d'une telle pièce, vous pouvez jouer sur la lumière, l'éclairage, en les tamisant par exemple. En effet, une bougie allumée déclenche un processus nécessaire pour entrer en osmose sur un autre plan. Ainsi on crée un environnement sympathique, où l'on se sent bien. D'ailleurs, vous constaterez au fil du temps que cet endroit prendra une importance capitale notamment lorsque vous voudrez rentrer en communion avec l'au-delà. Le consultant éprouve lui-même le besoin de se sentir bien à vos côtés.

Le rituel est par conséquent un élément indispensable pour mettre en route un processus bien huilé, qui vous amènera au dialogue, à la pleine possession de vos facultés paranormales enfouies en vous et qui se déclencheront davantage avec la pratique.

Sur la table, installez un tapis de jeu, si possible de couleur unie, plutôt sombre pour faciliter la concentration. Une serviette ou nappe feront aussi l'affaire. L'atmosphère est importante, il est difficile de commencer une consultation dans des odeurs de cuisine ou autres. Je vous recommande d'aérer la pièce et de faire brûler un peu d'encens avant de commencer la consultation. Le parfum qui s'en dégagera vous stimulera et vous aidera. C'est à vous de choisir votre type d'encens, il n'y a pas de parfum conseillé.

Maintenant, vous vous trouvez en possession de toutes vos lames majeures du tarot de Marseille et il est important de bien les connaître et reconnaître en les étudiant chez vous.

Tout d'abord, il est capital de trouver un lieu calme, et à une heure bien précise. Je vous recommande une heure creuse de la journée (mais jamais après un bon repas), l'après-midi ou le soir, même tard. Certaines personnes préfèrent très tôt le matin – c'est à vous de choisir le meilleur moment.

Au fil de la pratique, les ondes se feront plus denses et vous comprendrez davantage vos lames, ce qu'elles veulent vous indiquer. Le mieux serait qu'il n'y ait pas d'enfants en bas âge autour de vous ni d'appareils ménagers en marche.

Ce rituel peut au départ vous paraître contraignant, mais vous allez vous apercevoir très vite qu'il n'en est rien, car de vous-même et inconsciemment, quel que soit l'endroit où vous vous trouverez, vous repérerez immédiatement le lieu idéal pour une bonne consultation. Par ailleurs, vous y apporterez votre touche personnelle pour accéder à d'autres plans spirituels. Vous aurez chaque fois l'impression de vivre un moment magique.

Explication du tirage express

1 → 2

Paquet fixe
La question posée

Paquet coupé
Début d'une première réponse

Le mental de la personne
Lame 2
Comment on se trouve dans la pensée
Face à la question

2

5

La résultante
Lame 5

1

3

Le futur
Lame 3
La réponse à la question

Le consultant
Lame 1
Le moi
La question posée

4

Le physique de la personne
Lame 4
Comment on se trouve dans son physique
Face à la question

• Il faut calculer le total de la pensée : carte n° 1 + carte n° 2.

• Il faut calculer le total du physique : carte n° 3 + carte n° 4.

• Ensuite, additionnez séparément chaque carte (les chiffres romains) pour obtenir le total des 4 cartes tirées (total de la pensée et du physique = carte résultante) :

cartes n°s 1 + 2 + 3 + 4 = 5, la carte résultante que l'on visualise ou que l'on sort du paquet.

Mode d'emploi avant tout tirage

1) Pensez très fortement à la question posée, battez le jeu en vous concentrant dès la coupe, vous allez obtenir une première réponse.

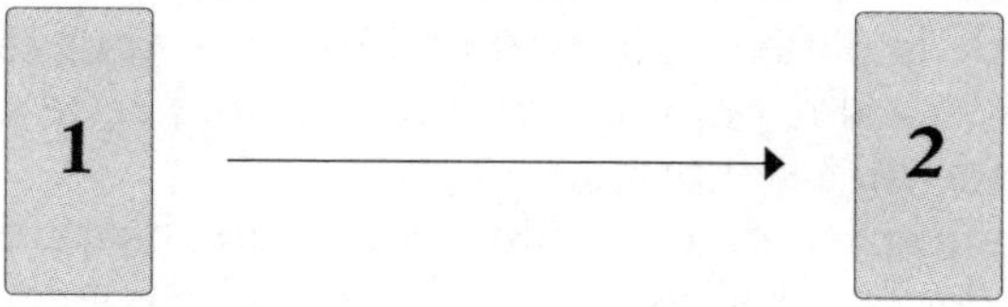

À vous de vous concentrer sur la question, et référez-vous aux flashes (page 29) pour l'interprétation de la coupe, la lame à droite étant la plus importante. Reprendre tout le jeu en main sans le battre.

2) Étalez sur la table devant vous le jeu en éventail.

3) Installez vos 4 lames (voir explication du tirage express page précédente).

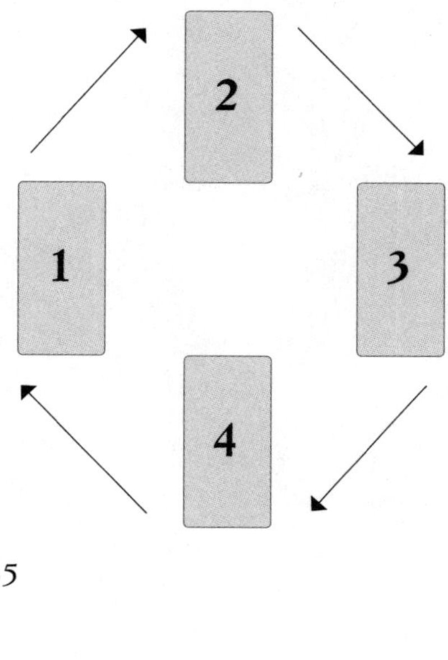

Tout le long de ce livre, je vais vous aider à interpréter au mieux les tirages, et vous donner la réponse par la synthèse des 4 lames. Ce n'est qu'en pratiquant assidûment que vous arriverez à une interprétation personnalisée.

N'oubliez pas que le total des 4 lames vous amène à la synthèse : la cinquième.

À chaque exemple de question posée, je vous guide dans une réponse. À vous de me suivre, et ensuite lancez-vous grâce à votre intuition pour une interprétation personnelle.

Il faut de la patience, il y a un temps pour tout et celui-ci est votre meilleur allié pour arriver à développer cette intuition qui ne demande qu'à s'exprimer.

La question est toujours dans l'air, et une histoire par l'intermédiaire des lames s'installe sur la table. Le consultant devant vous attend avec impatience le dénouement : la réponse à sa question. À vous de répondre avec discernement. Il est certain que dans un premier temps ce n'est pas facile ; il existe des milliers de combinaisons de lames, mais une seule réponse subsiste.

La coupe

Prenez les lames dans vos mains. Battez le jeu, une fois, puis deux. Ensuite, pensez fortement à un problème qui vous interpelle quotidiennement. La question doit être posée le plus clairement possible de manière à ce que la réponse soit également la plus claire possible.

Battez, posez le jeu sur la table, coupez : le paquet qui reste sur la table représente la question posée, et le paquet qui se déplace vers la droite un début de réponse.

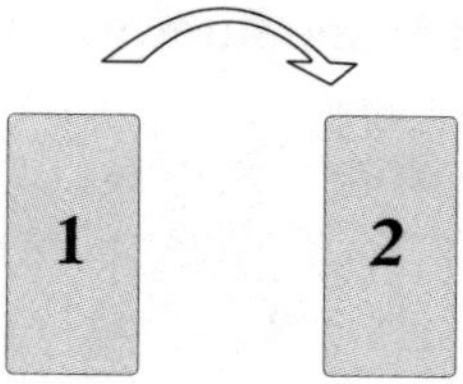

Vous reprenez votre jeu en main – le sens n'a pas d'importance –, et vous l'étalez devant vous horizontalement. Cette manipulation doit être faite comme cela chaque fois que vous commencez un tirage.

Exemple

Vais-je obtenir une augmentation cette année ?

Si la réponse est oui sur la coupe, cela répond déjà à la question. Par contre, si l'on veut approfondir, on doit reposer une autre question.

Avant la fin de l'année ?

Rebattez le jeu, coupez en pensant à cette question. La réponse vous confirmera la première réponse.

Il est donc nécessaire de rester précis dans la première question, pour ensuite l'approfondir et arriver à la réponse définitive.

Bien sûr, parfois le tarot ne répond pas comme on le voudrait et l'on peut être déçu. Mais il ne faut pas lui en vouloir, ce n'est qu'un instrument qui nous relie à nos guides respectifs. La réponse vient toujours de là-haut, jamais d'en bas. Ne l'oubliez pas…

N'essayez pas de reposer la question trente-six fois, cela ne sert à rien, la réponse peut alors être faussée, car votre esprit peut influencer le tarot et son interprétation.

Continuons avec un tirage express.

Tirage express

Ce tirage est principalement étudié pour des questions claires, à réponses claires et rapides, avec un délai de six mois par rapport à la question posée, qu'il s'agisse de sujet sur la santé, l'affectif et autres…

Si l'on obtient par le total une lame déjà tirée, la réponse est renforcée.

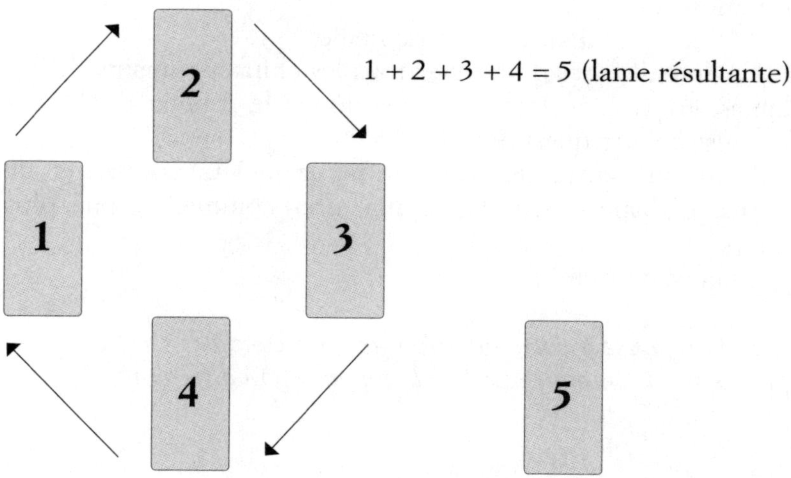

…
Vais-je déménager ?
Vais-je partir en vacances ?
Vais-je me marier avec X ?
Vais-je avoir une promotion ?
Ce sont des questions claires à réponses obligatoirement claires.

Explication de la position des lames dans le tirage éclair

• 1re lame à gauche : représente la personne ayant posé la question.

• 2e lame en haut : le côté intellectuel de la question, la pensée, l'esprit, ce à quoi nous n'avions pas pensé, ce qui pourrait empêcher le bon déroulement de la réponse.

• 3e lame à droite : apporte une première réponse à la question.

• 4e lame en bas : dénote le côté rationnel, matériel de la question, ancrage.

• 5e lame résultante : réponse finale.

Ensuite, il faut additionner tous les chiffres romains de vos lames, les 1, 2, 3, 4, ce qui vous donne le résultat final, et la réponse à votre question.

Pour une autre question, rebattez le jeu, coupez et de nouveau disposez vos lames majeures comme indiqué plus haut.

Et ainsi de suite.

Si la réponse à votre question ne vous convient pas, n'insistez pas, ce n'est pas pour cela que la réponse sera différente.

Quelques lames difficiles en tirage express

Le Mat (0)

Concernant Le Mat, il est important de préciser avant tout qu'il s'agit d'une lame d'instabilité (mirage, départ, tromperie, inconscience, irresponsabilité).

Mais il représente aussi un mouvement dans le temps ou vers quelque chose, quelque part. Il ne faut pas l'oublier, surtout si l'on reste avec un tirage à 4 lames.

Quelques exemples :

En figure 1 : Moi
Le Mat, dans cette position, représente l'élan, on sait où l'on va, ou ce que l'on veut vraiment. De toute façon, on y va, que ce soit bien ou mal.

En figure 2 : Pensée
Dans ce cas, c'est plus difficile au niveau de la pensée, justement : on ne sait pas où l'on va, c'est l'incertitude, le flou. Il faut interpréter, ici, toutes les lames.

En figure 3 : Destin
On va vers quelque chose, mais on ne sait pas quoi, donc il vaut mieux dans ce cas de figure refaire un tirage, mais ce n'est pas forcément mauvais.

En figure 4 : Physique
Physiquement, on ne se sent pas bien, comme déstabilisé par rapport à son environnement ou par rapport à la question posée. On pourrait penser que la personne veut de toute façon bouger, avancer, partir de là où elle se trouve aujourd'hui.

N.B. : C'est généralement, une lame que l'on doit recouvrir pour savoir où elle nous emmène. Il est important d'approfondir.

La Maison Dieu (XVI)

C'est effectivement une lame difficile à interpréter, difficile parce qu'elle est néfaste. Elle démontre des problèmes à venir. La foudre qui vient de ciel représente la fin d'une situation, indique une catastrophe.

Sur le plan financier, cette lame signifie la faillite.

Sur le plan sentimental, le divorce ou la séparation. Par ailleurs, si vous êtes seul(e) dans votre vie affective, la Maison Dieu proche de l'Amoureux peut annoncer un coup de foudre. C'est tout à fait étonnant mais possible dans ce sens.

Cette lame représente aussi un retournement complet d'une situation, qu'elle soit d'ordre affectif, professionnel ou financier.

Dans le cas d'un tirage à 4 lames, quelques explications…

En figure 1 : Moi
La personne qui pose la question (consultant) est en difficulté par rapport à une situation, l'ego ou bien encore le sujet en rapport avec la question est touché.

En figure 2 : Pensée
Le consultant est instable mentalement ou n'a pas le moral.

En figure 3 : Destin
Le futur du consultant n'est pas bon, ou la finalité de la question posée, quel que soit le sujet, n'est pas bonne.

En figure 4 : Physique
Le consultant ne se sent pas bien physiquement, il est peut-être malade ou vraiment en difficulté dans une situation.

N.B. : Dans tous les cas de figure, il n'est pas bon de continuer. Reposez la question, surtout si la Maison Dieu apparaît dans le premier jet de lames. Si cette dernière apparaît plus tard dans le tirage, cela voudra seulement dire que la situation peut se dégrader.

La Tempérance (XIIII)

Si l'on observe attentivement la lame de la Tempérance, on s'aperçoit qu'il est question d'un mouvement dans le temps, d'une circulation de l'eau entre deux cruches : équilibre avant tout. Elle est reconnue comme la lame du signe du Verseau dans le zodiaque, le Verseau étant avant tout un signe de communication, de circulation, toujours en action, passage d'un lieu à un autre. Cette lame est très souvent bénéfique, annonçant toujours un changement heureux dans le temps.

Dans le cas d'un tirage à 4 lames, quelques explications…

En figure 1 : Moi
Le consultant a envie d'un changement dans sa vie, qui va avoir lieu dans les jours ou mois à venir.

En figure 2 : Pensée
Changement ou dénouement d'une situation professionnelle assez rapidement. Si l'on se pose des questions, on se trouve dans une situation de mouvement où tout peut arriver. Il convient de regarder les lames proches.

En figure 3 : Destin
Dans tous les cas de figure, il y a changement dans le futur, qui amènera un bouleversement dans la vie du consultant.

En figure 4 : Physique
Généralement, la Tempérance, à cette place, annonce soit un déménagement, soit un projet de rénovation, travaux, décoration. Si c'est une question de santé, vos nerfs sont mis à rude épreuve. Il peut s'agir aussi d'une mauvaise circulation au niveau des jambes.

N.B. : La Tempérance est une lame généralement bénéfique quand elle se trouve être seule dans un jeu à quatre lames; entourée, il faut faire bien attention à l'interprétation plus difficile à côté d'autres lames.

LE DIABLE (XVI)

Passion avant tout, sensualité, sexualité, tentation, séduction. C'est une lame matérielle et non spirituelle. Sa complexité rend difficile son interprétation.
Avant toute chose, elle répond à la question demandée. En effet, s'il est question d'argent, elle vous répondra sur ce point; s'il s'agit de la santé, elle fera de même. À question claire, réponse ciblée. Le Diable est synonyme d'aveuglement sur tous les points : c'est la passion qui prime, tant sur l'argent que sur le sexe.

Dans le cas d'un tirage à 4 lames :

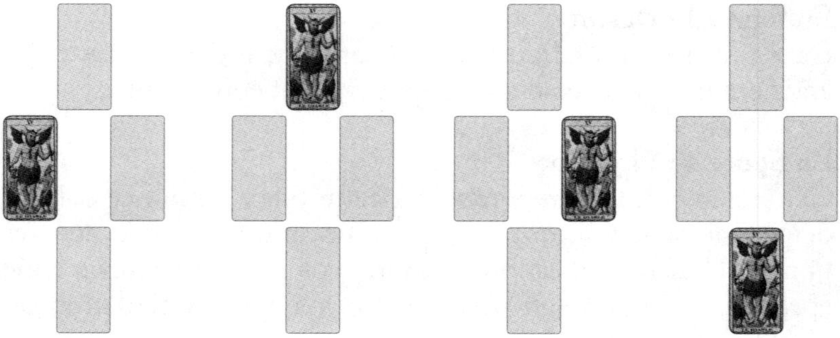

Figure 1 : Moi
Le consultant est concentré sur la question posée, il est confiant par rapport à celle-ci.

Figure 2 : Pensée
Emprise passionnelle sur autrui, qui peut être sensuelle, sexuelle ou financière. Manipulation favorable sur le plan financier.

Figure 3 : Destin
Liaison, magnétisme important, séduction, voilà ce qui ressort de cette lame. Elle est défavorable pour la vie sentimentale, peut impliquer plusieurs liaisons, aventures. Concernant les finances, arrivée d'argent.

Figure 4 : Physique
Transformation des liens familiaux, ceux-ci apparaissant plus compliqués. Difficultés familiales. Un parent peut être malade.

N.B. : Il est important de continuer le tirage après le Diable, d'approfondir, de toutes les façons.

Questions d'ordre professionnel

Après cette première partie pratique, nous allons étudier plusieurs tirages concernant le plan professionnel et ses multiples possibilités.

Tout d'abord, les exemples vont être travaillés et expliqués dans le sens d'un dénouement positif puis dans le sens d'un dénouement négatif. Vous aurez ainsi comme outil une palette d'informations différentes qui vous guidera dans votre interprétation personnelle.

Sujets traités : exemples touchant une demande sur

– une augmentation dans votre travail,
– une éventuelle promotion,
– un changement de travail,
– un licenciement,
– la recherche de travail lorsqu'on est au chômage.

Toutes ces questions importantes sont développées dans ce chapitre. Vous allez obtenir les réponses à vos questions, mais n'oubliez pas qu'il existe autant de combinaisons de lames que d'interprétations, et qu'il est, par ailleurs, difficile de toutes les appliquer. Par cette initiation rapide, vous devriez obtenir de bons résultats.

1 – Exemple professionnel

Vais-je obtenir une augmentation ?

Tout d'abord, prenez votre jeu en main, tout en pensant fortement à la question, de manière à imprimer votre question dans le mental. Battez les lames, coupez.

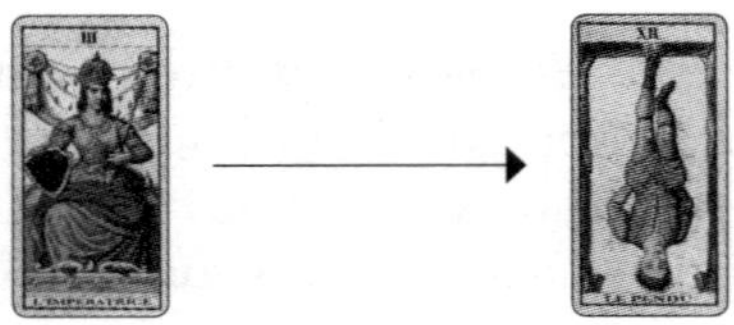

En coupe, on obtient : l'Impératrice et le Pendu. Vous espérez très fortement cette augmentation, par courrier ou téléphone, mais pour l'instant la situation est bloquée, et la réponse aussi.

On continue le tirage :

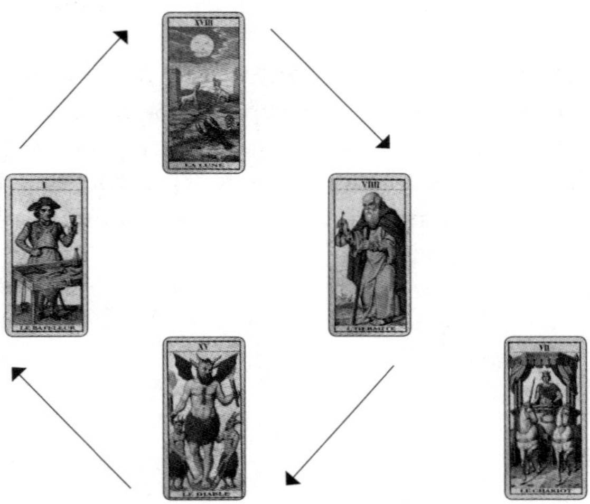

1re lame à gauche : Bateleur (I)
2e lame en haut : Lune (XVIII)
3e lame à droite : Hermite (VIIII)
4e lame en bas : Diable (XV)
5e lame, résultante du total des 4 lames : Chariot (VII)

Conclusion

Votre demande a bien été entendue, mais ce n'est pas le moment, il y a une attente mais elle n'est pas refusée pour autant.

Explication

Bateleur à gauche, vous demandez une augmentation.
Lune en haut, il y a un doute, hésitation sur la réponse.
Hermite à droite, il faut patienter, lame du temps, attente dans le futur.
Diable en bas, lame d'argent, vous aimeriez bien avoir cet argent dans votre foyer.
Chariot en conclusion, vous aurez cette augmentation plus tard, le Chariot étant la réussite matérielle. Patience.

Vous constatez, après déduction, que le tirage rejoint la coupe.

2 – Exemple professionnel
Vais-je obtenir une augmentation ?

Prenez votre jeu en main, battez en vous concentrant sur la question, coupez.

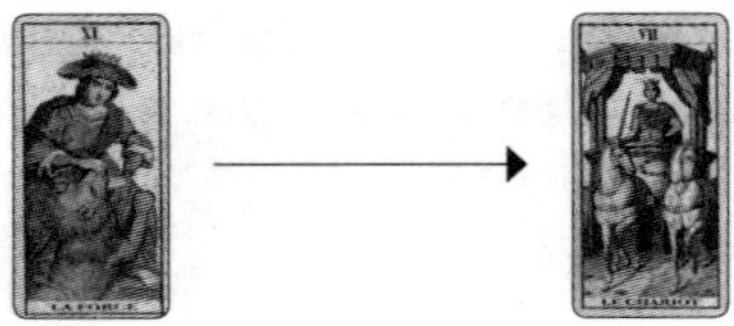

En coupe on obtient : Force, Chariot. Vous désirez très fortement cette augmentation.

On continue :

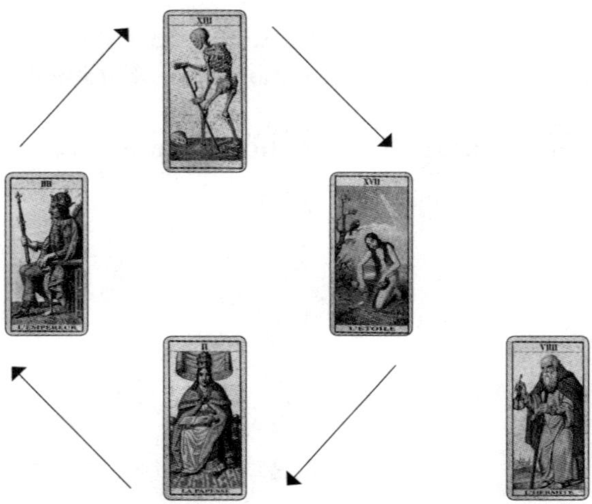

1re lame à gauche : Empereur (IIII)
2e lame en haut : Arcane sans nom, transformation (XIII)
3e lame à droite : Étoile (XVII)
4e lame en bas : Papesse (II)
5e lame, résultante du total des 4 lames, 36, 3 + 6 = 9 : Hermite (VIIII)

Conclusion

D'après la coupe, nous avons déjà une réponse positive, le tirage confirme en effet cette situation. L'Hermite en conclusion nous rappelle qu'il y a temps pour tout, et que tout arrive toujours à point nommé pour celui qui sait attendre. Dans ce tirage, c'est le moment.

Explication

Empereur à gauche, le consultant a un bon état d'esprit lorsqu'il pose la question.
Arcane sans nom en haut, veut à tout prix cette transformation de ses finances.
Étoile à droite, cette demande est protégée dans le futur.
Papesse en bas, on attend avec sérénité cette augmentation dans le foyer.
Hermite en résultante, augmentation probable dans les semaines ou les mois à venir.

Vous constaterez que le tirage rejoint la coupe.

3 – Exemple professionnel

Vais-je obtenir une augmentation ?

Reprenez le tarot. Battez le jeu et imprégnez-vous de la question posée. Coupez.

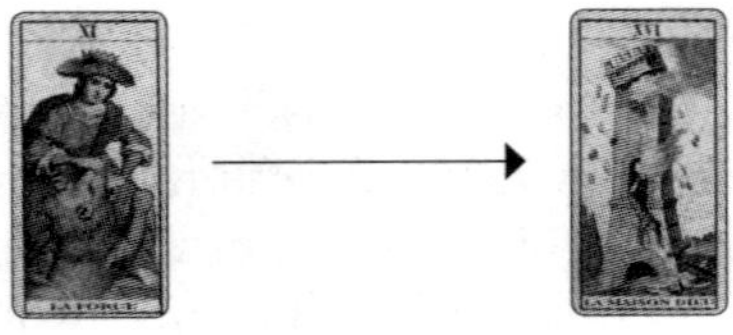

En coupe on obtient : Force, Maison Dieu, vous voulez avec force cette augmentation, mais celle-ci est pour l'instant refusée.

On continue le tirage :

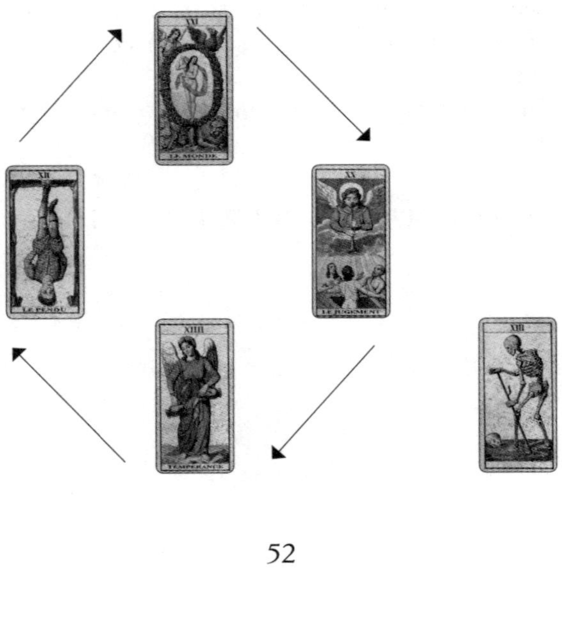

1re lame à gauche : Pendu (XII)
2e lame en haut : Monde (XXI)
3e lame à droite : Jugement (XX)
4e lame en bas : Tempérance (XIIII)
5e lame, résultante du total des 4 lames : Arcane sans nom (XIII)

Conclusion

Cette augmentation est refusée pour le moment. Il faudra reposer la question plus tard, dans quelques mois.

Explication

Pendu, la question est bloquée dès le départ.
Monde, pourtant, on aimerait bien avoir cette augmentation.
Jugement, il faudra attendre des jours meilleurs, ce n'est pas le moment. Néanmoins, lame de la justice divine donc cela viendra un jour.
Tempérance, il faut encore attendre, et faire face avec les ressources actuelles.
Arcane sans nom, il y aura transformation de salaire dans le futur, mais pour l'instant c'est refusé.

Vous constaterez que le tirage rejoint encore la coupe.

4 – Exemple professionnel

Vais-je obtenir une augmentation ?

Reprenez le tarot. Battez et concentrez-vous sur la question posée.

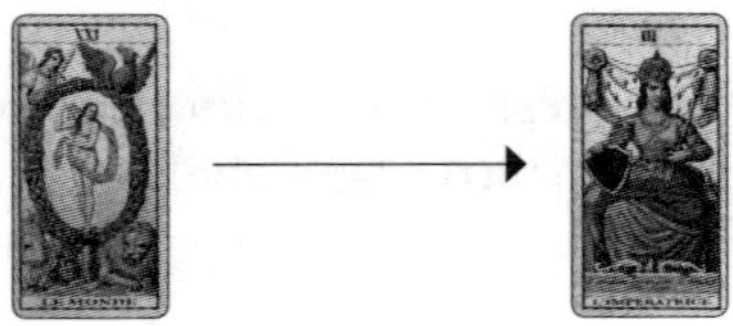

En coupe on obtient : Monde, Impératrice, la réponse est oui. Vous devriez obtenir cette augmentation et vous serez averti par courrier, téléphone ou fax.

On continue le tirage :

1re lame à gauche : Force (XI)
2e lame en haut : Papesse (II)
3e lame à droite : Jugement (XX)
4e lame en bas : Soleil (XVIIII)
5e lame, résultante du total des 4 lames, 52, 5 + 2 = 7 : Chariot (VII)

Conclusion

Vous désirez fortement cette augmentation, que vous allez obtenir avec succès.

Explication

Force, le consultant est décidé pour sa demande d'augmentation.
Papesse, rien n'empêche cette demande d'aboutir.
Jugement, vous devez obtenir cette augmentation.
Soleil, gain de cause et cela changera votre quotidien.
Chariot, réussite dans votre demande.

Vous constatez, une nouvelle fois, que la coupe rejoint le tirage.

5 – Exemple professionnel

Vais-je obtenir une augmentation ?

Reprenez votre tarot. Battez, imprégnez-vous de la question désirée.

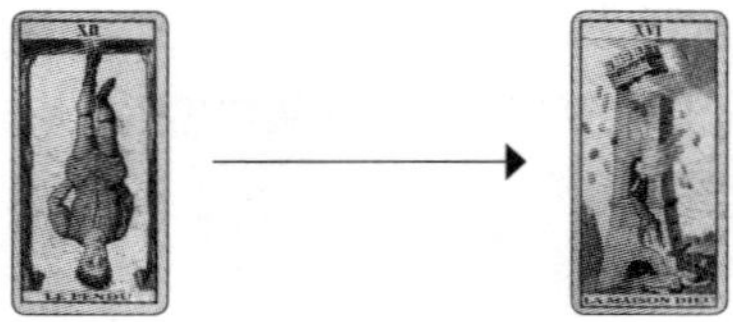

En coupe on obtient : Pendu, Maison Dieu : actuellement votre demande apparaît différée, ce n'est pas le moment, même dans un futur proche.

On continue le tirage :

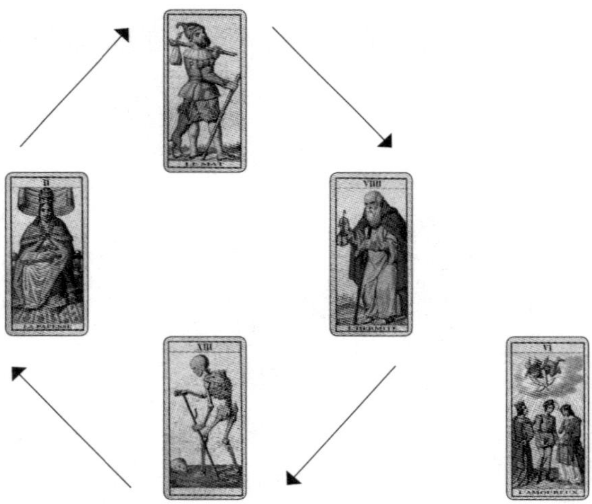

1re lame à gauche : Papesse (II)
2e lame en haut : Mat (0)
3e lame à droite : Hermite (VIIII)
4e lame en bas : Arcane sans nom (XIII)
5e lame, résultante du total des 4 lames : Amoureux (VI)

Conclusion

Vous êtes en demande d'augmentation, mais cette demande n'est pas prise au sérieux. Vous vous sentez seul par rapport à cette démarche qui est refusée. Cette acceptation d'augmentation est reportée à plus tard.

Explication

Papesse, c'est vous.
Mat, demande pas prise au sérieux.
Hermite, vous faites seul cette demande.
Arcane sans nom, elle est refusée.
Amoureux, il y a un doute quant à la réponse, même dans le futur.

Vous constaterez que le tirage rejoint obligatoirement la coupe.

6 – Exemple professionnel

Vais-je obtenir une promotion ?

Reprenez le jeu en main, battez en pensant fortement à la question. Coupez.

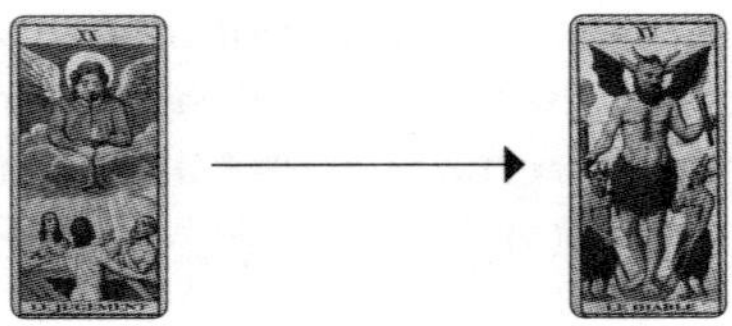

En coupe on obtient : Jugement, Diable. Oui, vous obtiendrez cette promotion assez rapidement, c'est même déjà en cours.

On continue le tirage :

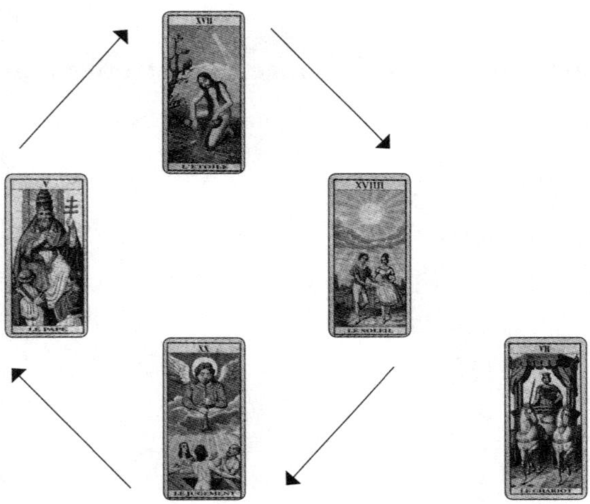

1re lame à gauche : Pape (V)
2e lame en haut : Étoile (XVII)
3e lame à droite : Soleil (XVIIII)
4e lame en bas : Jugement (XX)
5e lame, résultante du total des 4 lames, 61, 6 + 1 = 7 : Chariot (VII)

Conclusion

Vous posez la question très sereinement, cette demande est protégée. Elle est positive, vous aurez sans problème cette promotion.

Explication

Pape, question posée sereinement.
Étoile, protection sur cette demande.
Soleil, réponse positive.
Jugement, cette promotion était prévue.
Chariot, réussite dans le futur, sur le plan tant du travail que de la rémunération.

Vous constaterez que le tirage rejoint la coupe.

7 – Exemple professionnel
Vais-je obtenir une promotion ?

Vous reprenez votre tarot, battez en pensant à la question, coupez.

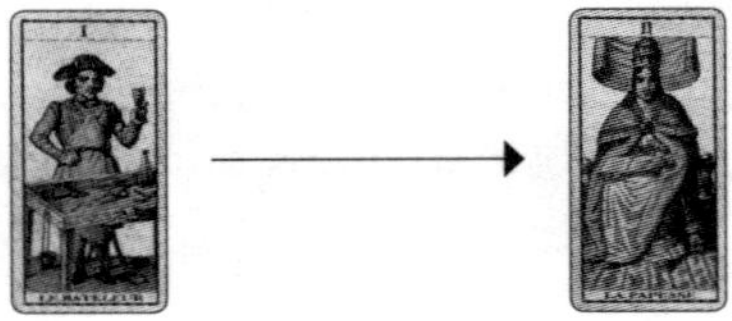

En coupe on obtient : Bateleur, Papesse. C'est bien vous qui faites la démarche de demander une promotion.

On continue le tirage :

1re lame à gauche : Impératrice (III)
2e lame en haut : Pape (V)
3e lame à droite : Tempérance (XIIII)
4e lame en bas : Empereur (IIII)
5e lame, résultante du total des 4 lames, 26, 2 + 6 = 8 : Justice (VIII)

Conclusion

Vous demandez votre promotion par courrier, à votre supérieur. Il faut patienter ; vous la méritez, vous l'obtiendrez avec du temps, ce qui vous amènera à une certaine sérénité.

Explication

Impératrice, vous faites votre demande de promotion par courrier.
Pape, à votre supérieur.
Tempérance, il faut encore un peu de temps.
Empereur, réussite de votre demande.
Justice, cela vous apportera un autre équilibre financier.

Vous constaterez que le tirage rejoint la coupe.

8 – Exemple professionnel

Vais-je obtenir une promotion ?

Reprenez votre tarot en vous concentrant sur la question. Battez le jeu. Coupez.

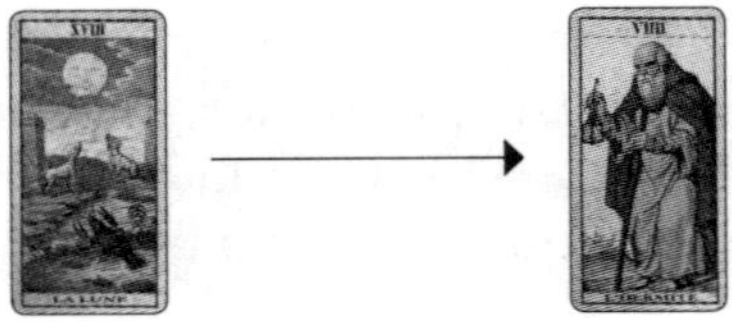

En coupe on obtient : Lune, Hermite ; on demande cette promotion seul, mais en hésitant (le consultant a un doute en posant la question).

On continue le tirage :

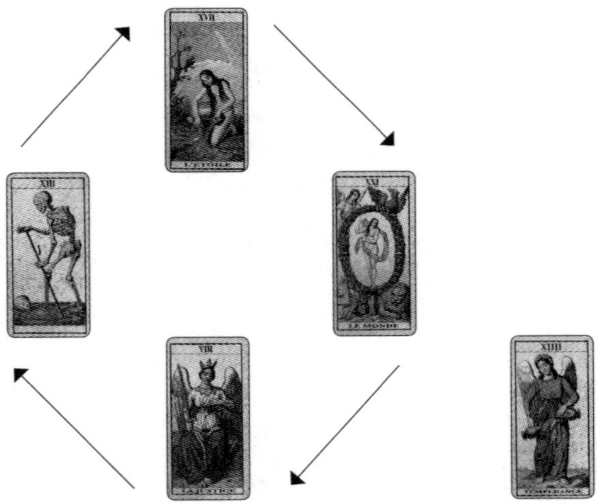

1re lame à gauche : Arcane sans nom (XIII)
2e lame en haut : Étoile (XVII)
3e lame à droite : Monde (XXI)
4e lame en bas : Justice (VIII)
5e lame, résultante du total des 4 lames, 59, 5 + 9 = 14 : Tempérance (XIIII)

Conclusion

On désire fortement une transformation dans son travail. C'est en cours de réalisation et cela va vous apporter un équilibre financier et moral.

Explication

Arcane sans nom, on veut une transformation.
Étoile, cela va se faire certainement.
Monde, de manière très positive.
Justice, vous apportant un équilibre moral, financier, intellectuel.
Tempérance, dans le temps.

La coupe rejoint une nouvelle fois le tirage.

9 – Exemple professionnel

Vais-je obtenir une promotion ?

Reprenez votre tarot. Battez. Coupez en vous imprégnant de la question.

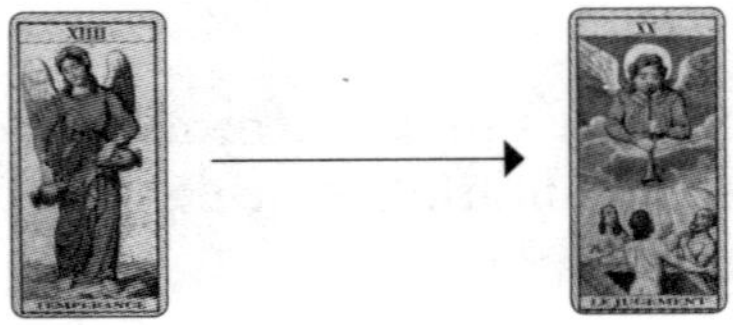

En coupe, on obtient : Tempérance, Jugement ; dans peu de temps, vous obtiendrez ce que vous voulez, car cela doit arriver dans votre vie.

On continue le tirage :

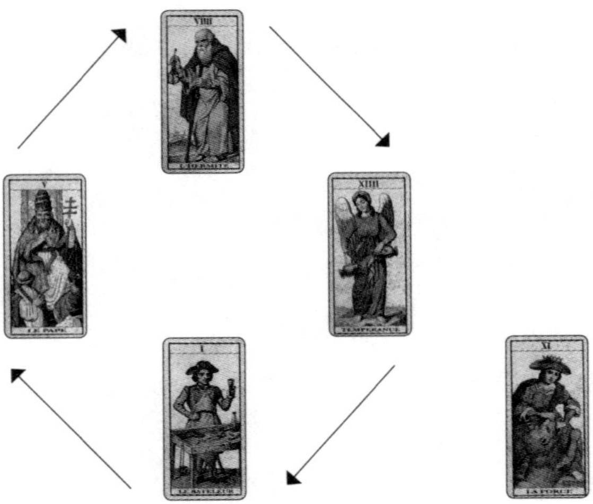

1re lame à gauche : Pape (V)
2e lame en haut : Hermite (VIIII)
3e lame à droite : Tempérance (XIIII)
4e lame en bas : Bateleur (I)
5e lame, résultante du total des 4 lames, 29, 2 + 9 = 11 : Force (XI)

Conclusion

Vous demandez très sérieusement cette promotion, au moment où il le faut. Vous la demandez seul. Il faut attendre un peu, mais ce ne saurait tarder.

Explication

Pape, vous demandez sereinement.
Hermite, seul.
Tempérance, avec un peu d'attente.
Bateleur, la réponse ne devrait pas tarder.
Force, vous obtenez ce que vous désirez.

Le tarot rejoint une nouvelle fois la coupe.

10 – Exemple professionnel

Vais-je obtenir une promotion ?

Vous reprenez votre jeu, battez en pensant à la question. Coupez.

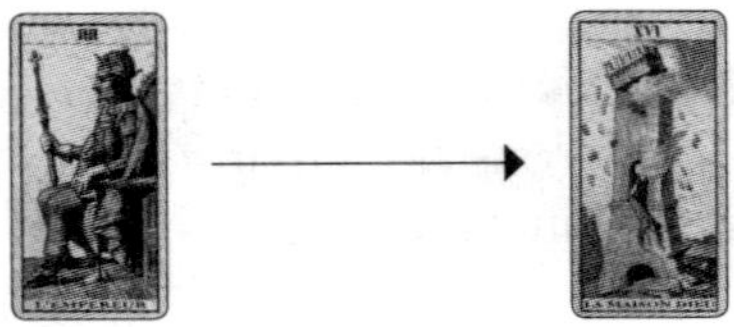

En coupe on obtient : Empereur, Maison Dieu ; votre demande est vouée à l'échec.

On continue le tirage :

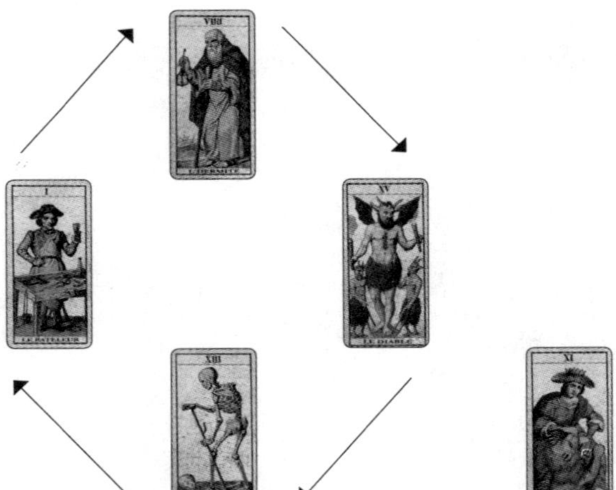

1re lame à gauche : Bateleur (I)
2e lame en haut : Hermite (VIIII)
3e lame à droite : Diable (XV)
4e lame en bas : Arcane sans nom (XIII)
5e lame, résultante du total des 4 lames, 38, 3 + 8 = 11 : Force (XI)

Conclusion

Vous demandez votre promotion. Vous vous sentez un peu seul face à cette situation ; cela vous arrangerait bien financièrement, mais, pour l'instant, il y a refus.

Explication

Bateleur, vous demandez bien votre promotion.
Hermite, seul face à cette situation.
Diable, cela vous arrangerait financièrement dans le futur.
Arcade sans nom, c'est refusé.
Force, cette lame renforce le refus.

Vous constaterez que le tirage rejoint la coupe.

11 – Exemple professionnel
Vais-je changer de travail ?

Reprenez votre tarot, battez en pensant à la question puis coupez.

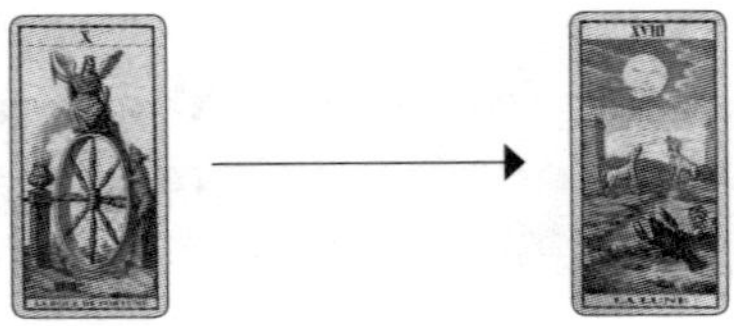

En coupe on obtient : Roue de Fortune, Lune, cette dernière indiquant que c'est un peu flou.

On continue le tirage :

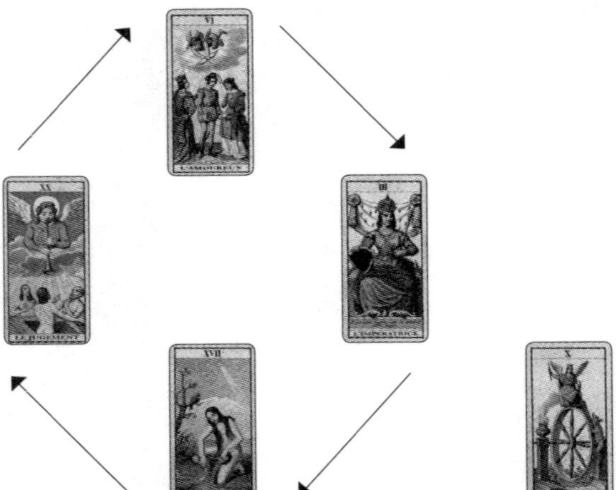

1re lame à gauche : Jugement (XX)
2e lame en haut : Amoureux (VI)
3e lame à droite : Impératrice (III)
4e lame en bas : Étoile (XVII)
5e lame, résultante du total des 4 lames, 46, 4 + 6 = 10 : Roue de Fortune (X)

Conclusion

Vous pensez sérieusement à changer de travail, vous allez avoir de multiples possibilités, propositions, que vous recevrez par courrier. Il y a de grandes chances que vous trouviez un autre emploi ; il y a changement dans le futur.

Explication

Jugement, vous pensez sérieusement à changer de travail.
Amoureux, multiples possibilités.
Impératrice, par courrier.
Étoile, réussite assurée dans votre projet.
Roue de Fortune, changement sûr dans le futur.

Cette fois-ci, vous constaterez que le tirage donne une réponse plus précise que la coupe.

12 – Exemple professionnel

Vais-je changer de travail ?

Reprenez votre jeu en pensant très fortement à la question, battez et coupez.

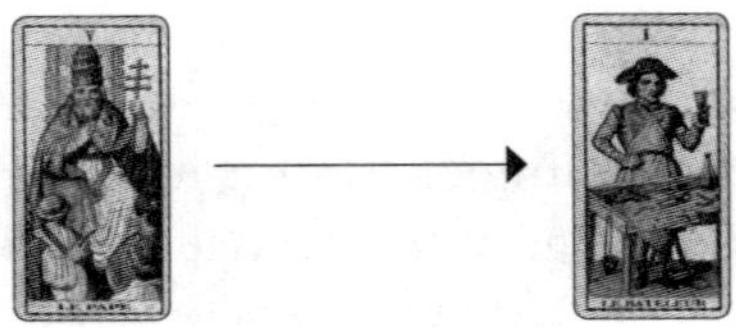

En coupe on obtient : Pape, Bateleur ; c’est une question mûrement réfléchie, et vous allez entreprendre des recherches d’emploi.

On continue le tirage :

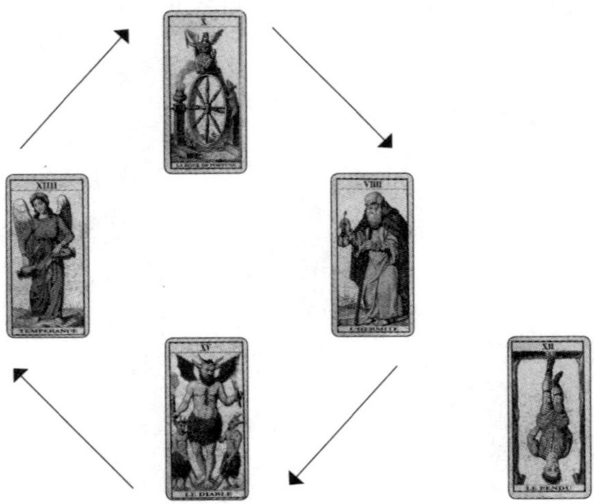

1re lame à gauche : Tempérance (XIIII)
2e lame en haut : Roue de Fortune (X)
3e lame à droite : Hermite (VIIII)
4e lame en bas : Diable (XV)
5e lame, résultante du total des 4 lames, 48, 4 + 8 = 12 : Pendu (XII)

Conclusion

Vous pensez changer de travail, mais vous prenez votre temps. Il y aura changement mais pas tout de suite ; cela arrangerait bien vos finances, mais pour l'instant la situation est bloquée.

Explication

Tempérance, vous pensez à changer de travail.
Roue de Fortune, il y aura un changement de travail.
Hermite, il y a encore du temps avant de trouver.
Diable, ce serait positif pour vos finances.
Pendu, mais pour l'instant cette question reste en suspens. Il faudra reposer la question dans quelques semaines.

Vous allez entreprendre des recherches d'emploi par la coupe, mais le tirage indique que pour l'instant la situation est bloquée.

13 – Exemple professionnel
Vais-je changer de travail ?

Reprenez votre jeu, en pensant très fortement à la question, battez, coupez.

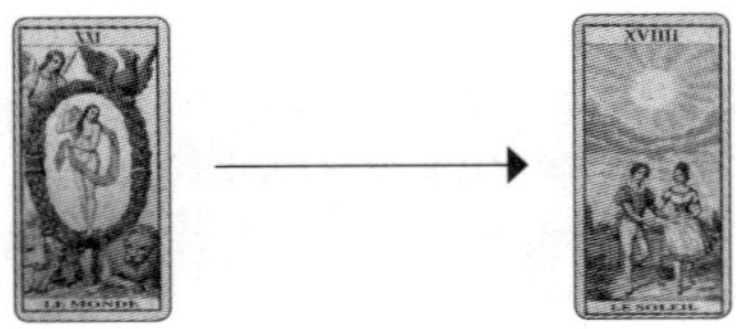

En coupe on obtient : Monde, Soleil ; actuellement votre situation professionnelle vous convient.

On continue le tirage :

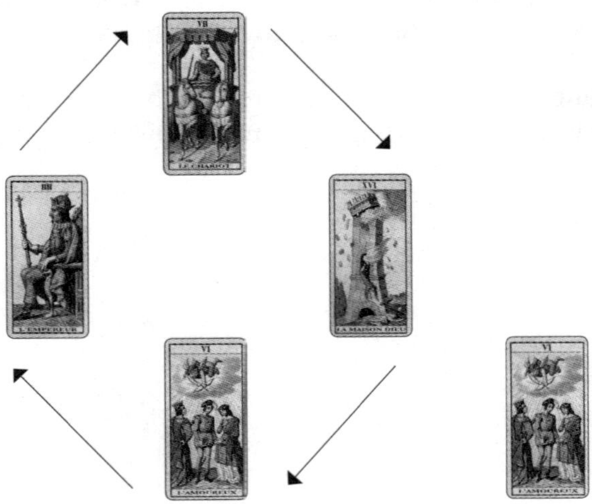

1re lame à gauche : Empereur (IIII)
2e lame en haut : Chariot (VII)
3e lame à droite : Maison Dieu (XVI)
4e lame en bas : Amoureux (VI)
5e lame, résultante du total des 4 lames, 33, 3 + 3 = 6 : Amoureux (VI)

Conclusion

Vous vous sentez bien actuellement dans votre emploi. Vous maîtrisez et ne cherchez pas vraiment à changer de travail malgré de nombreuses autres qualités susceptibles de vous le permettre.

Explication

Empereur, vous maîtrisez votre situation actuelle.
Chariot, réussite dans votre travail.
Maison Dieu, il n'y a pas de changement de travail dans l'avenir.
Amoureux, vous avez de multiples activités dans votre vie.
Amoureux en conclusion, ce qui confirme vos possibilités multiples qui vous conviennent.

Vous constaterez que le tirage rejoint la coupe.

14 – Exemple professionnel

Vais-je changer de travail ?

Vous reprenez votre jeu en main, tout en vous concentrant sur la question. Battez, puis coupez.

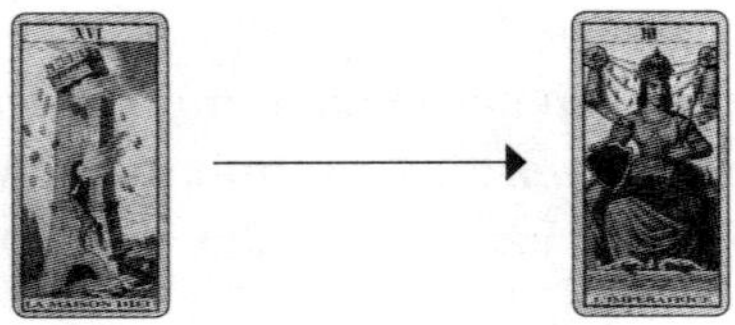

En coupe on obtient : Maison Dieu, Impératrice; pour le moment il n'y a aucune chance de changement ou d'améliora-tion.

On continue le tirage :

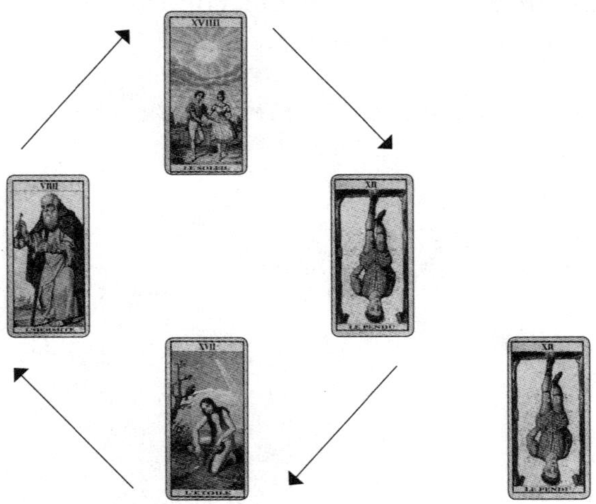

1re lame à gauche : Hermite (VIIII)
2e lame en haut : Soleil (XVIIII)
3e lame à droite : Pendu (XII)
4e lame en bas : Étoile (XVII)
5e lame, résultante du total des 4 lames, 57, 5 + 7 = 12 : Pendu (XII)

Conclusion

Malgré votre envie de changement, le poste que vous occupez actuellement vous convient parfaitement, et ce pour encore plusieurs mois.

Explication

Hermite, vous réfléchissez à un changement de travail.
Soleil, pourtant votre poste actuel vous convient.
Pendu, d'ailleurs votre demande est rejetée.
Étoile, ce travail vous satisfait et vous apporte un confort au sein de votre foyer.
Pendu, ce changement est rejeté dans l'immédiat. Reposez la question dans quelques mois.

Vous constaterez que le tirage, rejoint la coupe, ce qui veut dire que ce n'est pas le moment ; demande refusée dès le départ.

15 – Exemple professionnel
Vais-je changer de travail ?

Reprenez votre jeu en vous concentrant sur la question. Battez puis coupez.

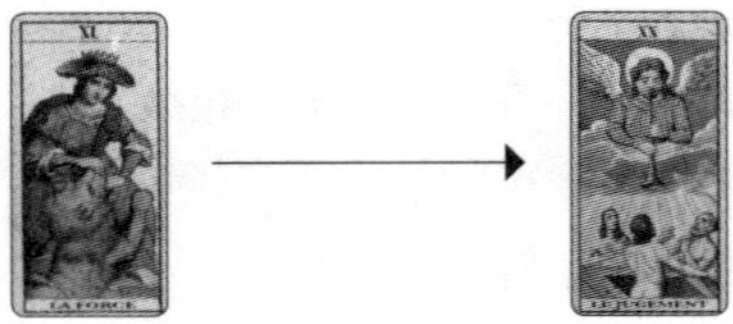

En coupe on obtient : Force, Jugement, il y a de grandes chances que cela bouge pour vous très prochainement.

On continue le tirage :

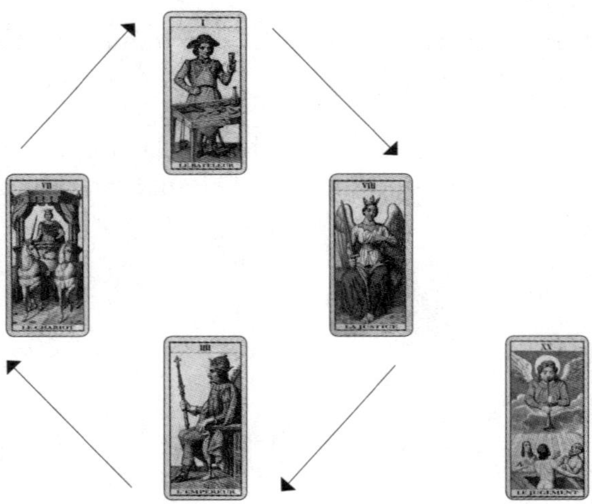

1re lame à gauche : Chariot (VII)
2e lame en haut : Bateleur (I)
3e lame à droite : Justice (VIII)
4e lame en bas : Empereur (IIII)
5e lame, résultante du total des 4 lames, 20 : Jugement (XX)

Conclusion

Vous allez avoir la possibilité de changer de travail très prochainement et cela vous apportera entière satisfaction : une certaine sérénité dans votre travail.

Explication

Chariot, élan qui va tout changer.
Bateleur, nouvelle qui arrive très vite concernant votre travail.
Justice, apportant un équilibre.
Empereur, réussite matérielle, satisfaction personnelle.
Jugement, une certaine sérénité s'installe dans votre foyer comme dans votre travail.

Vous constaterez que le tirage rejoint la coupe.

16 – Exemple professionnel
Vais-je être licencié ?

Reprenez votre jeu en pensant très fortement à la question, battez et enfin coupez.

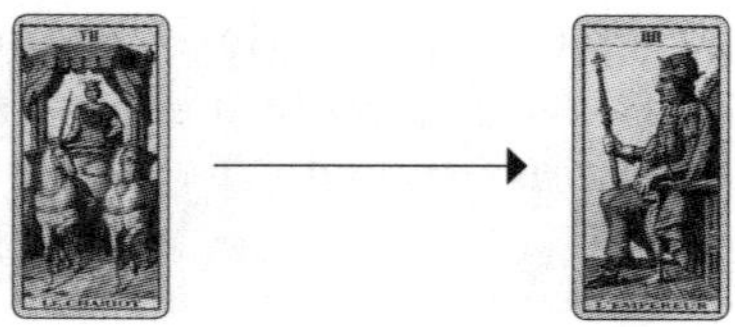

En coupe on obtient : Chariot, Empereur ; apparemment, avec cette coupe, il n'y a aucune raison que le consultant soit licencié.

On continue le tirage :

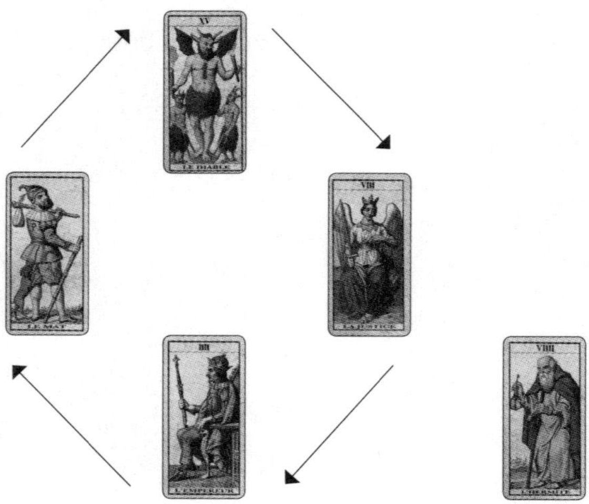

1re lame à gauche : Mat (0)
2e lame en haut : Diable (XV)
3e lame à droite : Justice (VIII)
4e lame en bas : Empereur (IIII)
5e lame, résultante du total des 4 lames, 27, 2 + 7 = 9 : Hermite (VIIII)

Conclusion

Aujourd'hui, vous ne savez pas trop ce qui vous attend dans votre emploi. Pourtant, celui-ci vous convient, surtout sur le plan financier. Vous arrivez à gérer votre travail : une certaine sérénité se dégage à propos de ce dernier. Il n'est donc pas question de licenciement.

Explication

Mat, vous ne savez pas ce qui vous attend dans le travail.
Diable, celui-ci vous convient financièrement.
Justice, équilibre dans le travail.
Empereur, vous réussissez dans celui-ci.
Hermite, vous maîtrisez seul votre travail parfaitement, il n'y a pas de licenciement avec ce tirage.

Vous constaterez que le tirage rejoint la coupe.

17 – Exemple professionnel
Vais-je être licencié ?

Reprenez votre tarot, en pensant très fortement à la question, battez le jeu puis coupez.

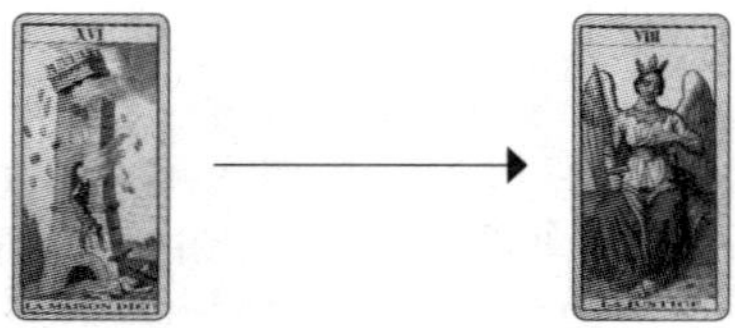

En coupe on obtient : Maison Dieu, Justice ; l'équilibre de la profession est remis en question.

On continue le tirage :

1re lame à gauche : Bateleur (I)
2e lame en haut : Lune (XVIII)
3e lame à droite : Arcane sans nom (XIII)
4e lame en bas : Tempérance (XIIII)
5e lame, résultante du total des 4 lames, 46, 4 + 6 = 10 : Roue de Fortune (X)

Conclusion

Effectivement, la question vous préoccupe avec raison. En effet, un arrêt de travail se profile à l'horizon. Pas dans l'immédiat, mais tout de même flagrant au vu du tirage.

Explication

Bateleur, on se pose véritablement la question.
Lune, avec préoccupation.
Arcane sans nom, il y a effectivement un arrêt de travail.
Tempérance, pas immédiatement.
Force, cependant, c'est confirmé, on voit un changement dans le futur.

Vous pouvez constater que la coupe rejoint le tirage.

18 – Exemple professionnel

Vais-je être licencié ?

Reprenez votre jeu, vous pensez très fortement à la question. Battez. Coupez.

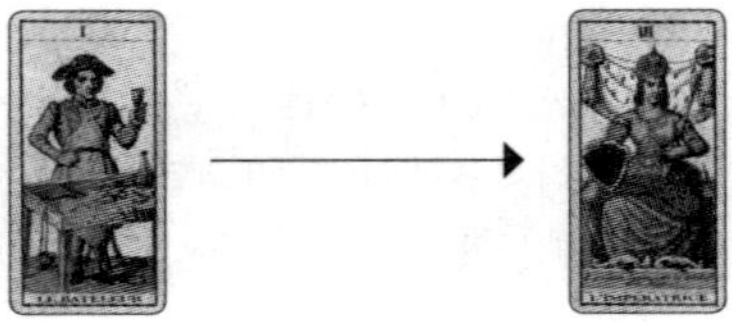

En coupe on obtient : Bateleur, Impératrice ; vous allez recevoir un courrier, mais on ne sait pas si cela concerne un licenciement.

On continue le tirage :

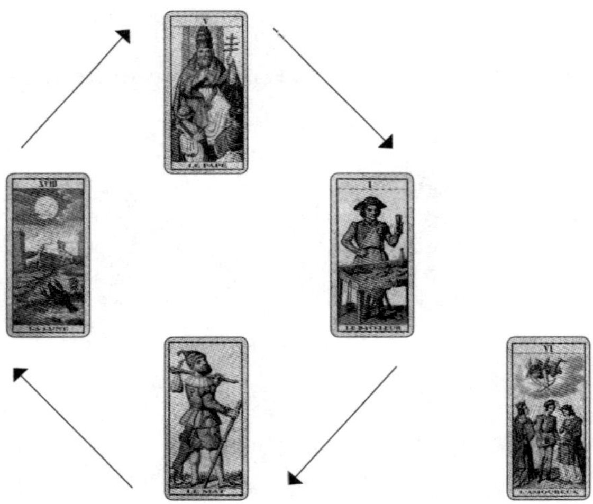

1re lame à gauche : Lune (XVIII)
2e lame en haut : Pape (V)
3e lame à droite : Bateleur (I)
4e lame en bas : Mat (0)
5e lame, résultante du total des 4 lames, 24, 2 + 4 = 6 : Amoureux (VI)

Conclusion

Vous vous faites du souci par rapport à votre travail et votre patron. Vous allez effectivement recevoir une lettre concernant un licenciement collectif.

Explication

Lune, doute d'un problème qui arrive, intuition.
Pape, concernant votre patron.
Bateleur, nouvelle par courrier ou téléphone.
Mat, exprime la fin de quelque chose : un licenciement.
Amoureux, collectif. Vous êtes plusieurs à recevoir la même nouvelle.

Vous constatez que le tirage ne rejoint pas la coupe, mais apporte les précisions nécessaires.

19 – Exemple professionnel
Vais-je être licencié ?

Reprenez votre jeu en vous concentrant sur la question. Battez, puis coupez.

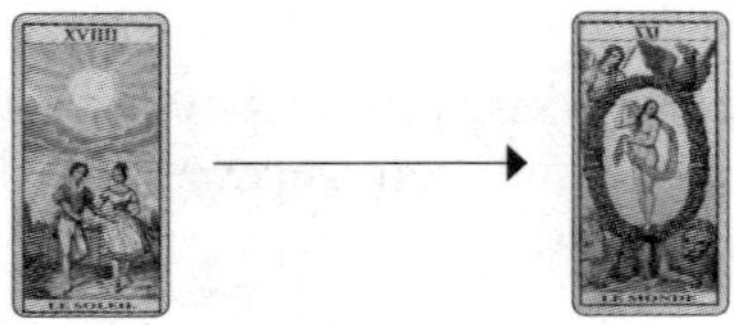

En coupe on obtient : Soleil, Monde ; il n'y a pas lieu à licenciement.

On continue le tirage :

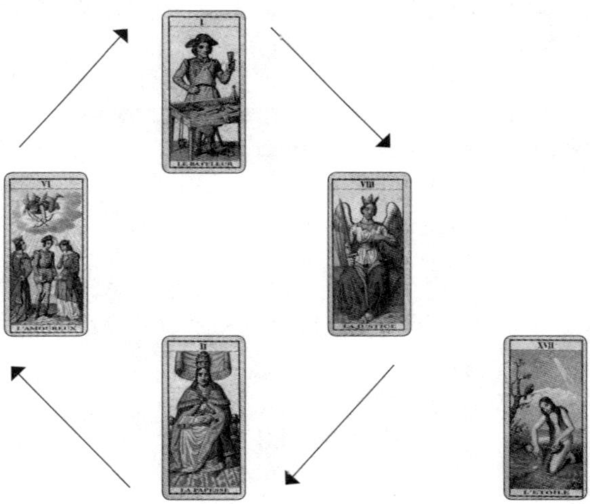

1re lame à gauche : Amoureux (VI)
2e lame en haut : Bateleur (I)
3e lame à droite : Justice (VIII)
4e lame en bas : Papesse (II)
5e lame, résultante du total des 4 lames, 17 : Étoile (XVII)

Conclusion

Vous êtes plusieurs à vous poser cette même question, à attendre un éventuel changement. Changement qui ne viendra pas puisqu'il n'y a pas de licenciement dans l'air. Au contraire, vous êtes compétent, on tient à vous garder.

Explication

Amoureux, vous êtes plusieurs concernés par cette nouvelle (licenciement).
Bateleur, vous êtes dans l'attente.
Justice, un certain équilibre dans votre travail.
Papesse, qui vous apporte d'ailleurs également beaucoup de sérénité au sein de votre foyer.
Étoile, c'est parfait pour vous, il n'y a pas de changement.

Vous constatez une nouvelle fois que le tirage rejoint la coupe.

20 – Exemple professionnel

Vais-je être licencié ?

Reprenez votre jeu en main. Battez tout en pensant très fortement à la question. Coupez.

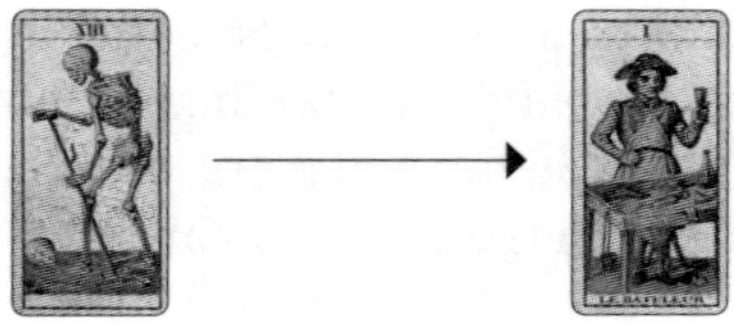

En coupe on obtient : Arcane sans nom, Bateleur ; attendez-vous à une mauvaise nouvelle.

On continue le tirage :

1re lame à gauche : Empereur (IV)
2e lame en haut : Roue de Fortune (X)
3e lame à droite : Lune (XVIII)
4e lame en bas : Maison Dieu (XVI)
5e lame, résultante du total des 4 lames, 48, 4 + 8 = 12 : Pendu (XII)

Conclusion

Serein quant à votre avenir, le doute va s'installer avec la suite du tirage. En effet, il va y avoir un changement concernant votre travail qui aura des répercussions sur vos finances et votre famille.

Explication

Empereur, c'est vous aujourd'hui, serein.
Roue de Fortune, il va y avoir un changement dans votre travail.
Lune, vous ne savez pas encore ce qui va se passer, et le doute va remplacer la sérénité.
Maison Dieu, cela va engendrer des bouleversements quant à vos ressources.
Pendu, situation bloquée pour un temps.

Cela rejoint la coupe, qui déjà annonçait un changement, une nouvelle concernant votre travail.

21 – Exemple professionnel

Sans emploi aujourd'hui, vais-je trouver du travail ?

Reprenez votre jeu en main. Battez. Coupez tout en pensant très fortement à votre question.

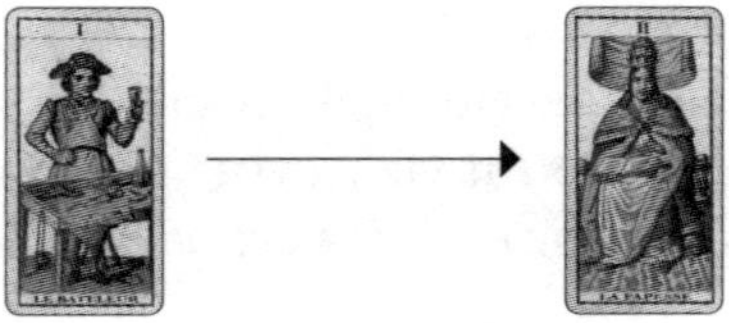

En coupe on obtient : Bateleur, Papesse ; on peut effectivement avoir une nouvelle concernant un travail.

On continue le tirage :

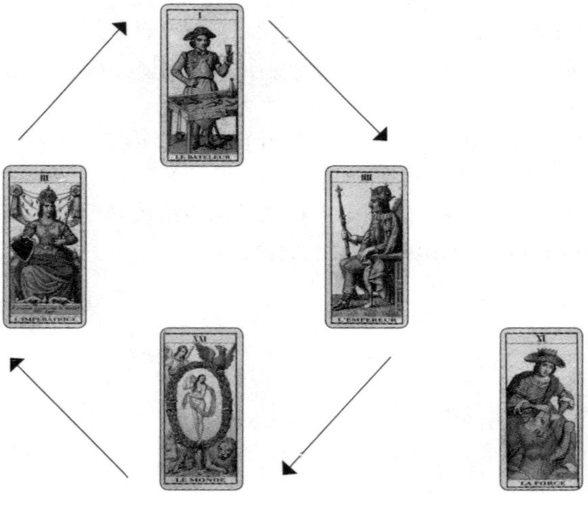

1re lame à gauche : Impératrice (III)
2e lame en haut : Bateleur (I)
3e lame à droite : Empereur (IIII)
4e lame en bas : Monde (XXI)
5e lame, résultante du total des 4 lames, 29, 2 + 9 = 11 : Force (XI)

Conclusion

Vous avez fait beaucoup de démarches et attendez prochainement une réponse qui ne devrait pas tarder par l'affirmative.

Explication

Impératrice, dénote la presse, le courrier, les écrits.
Bateleur, la nouvelle que l'on attend.
Empereur, qui devrait être positive.
Monde, et arrangera beaucoup de choses.
Force, cette nouvelle arrive avec force et rapidité.

Ce tirage rejoint la coupe, c'est une bonne nouvelle.

22 – EXEMPLE PROFESSIONNEL
Sans emploi aujourd'hui, vais-je trouver du travail ?

Reprenez votre jeu, battez puis coupez en vous concentrant sur la question.

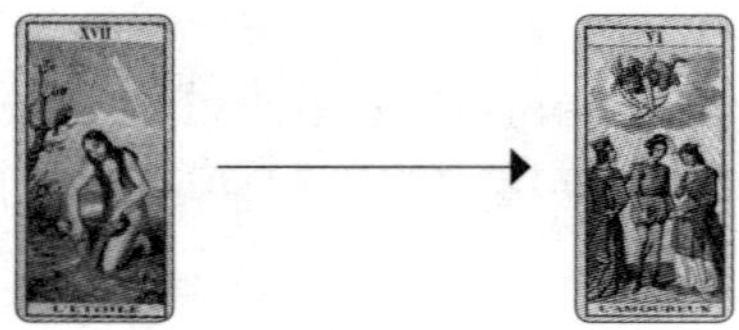

En coupe on obtient : Étoile, Amoureux ; il y a de grandes chances de trouver un emploi, on peut d'ailleurs avoir plusieurs propositions.

On continue le tirage :

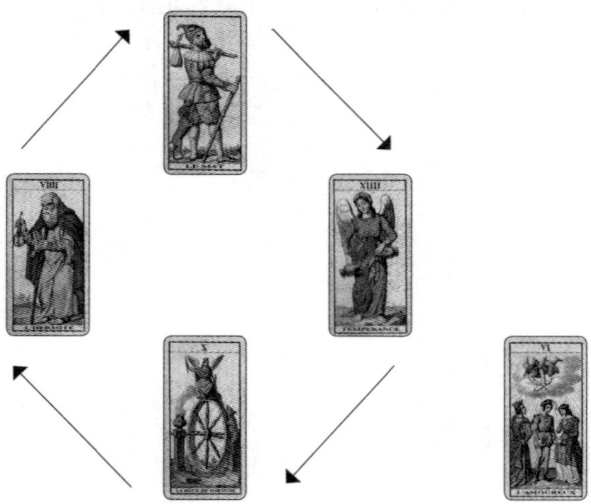

1re lame à gauche : Hermite (VIIII)
2e lame en haut : Mat (0)
3e lame à droite : Tempérance (XIIII)
4e lame en bas : Roue de Fortune (X)
5e lame, résultante du total des 4 lames, 33, 3 + 3 = 6 : Amoureux (VI)

Conclusion

On se sent seul face à ses démarches, on ne sait pas trop où on va. Alors on multiplie les appels téléphoniques, les courriers dans l'espoir d'une réponse favorable. Mais c'est de plusieurs propositions qu'on va disposer entraînant de fait un nouveau casse-tête.

Explication

Hermite, on se sent seul.
Mat, on ne sait pas où l'on va.
Tempérance, communication, coups de fil.
Roue de Fortune, on espère un changement.
Amoureux, on a plusieurs propositions donc plusieurs solutions.

La coupe rejoint le tirage.

23 – Exemple professionnel

Sans emploi aujourd'hui, vais-je trouver du travail ?

Reprenez votre jeu, battez puis coupez en vous concentrant sur la question.

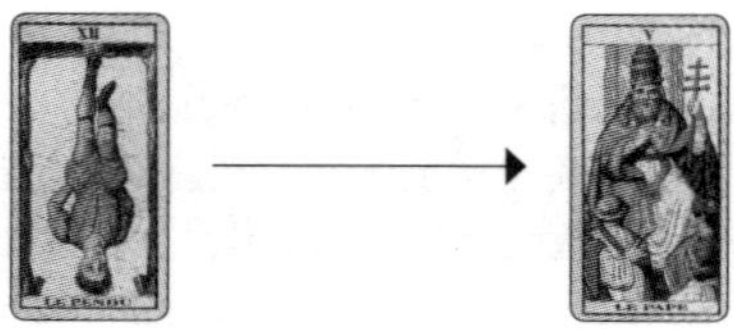

En coupe on obtient : Pendu, Pape ; actuellement on se trouve coincé dans une situation, mais on essaie tout de même d'avancer.

On continue le tirage :

1re lame à gauche : Chariot (VII)
2e lame en haut : Lune (XVIII)
3e lame à droite : Diable (XV)
4e lame en bas : Arcane sans nom (XIII)
5e lame, résultante du total des 4 lames, 53, 5 + 3 = 8 : Justice (VIII)

Conclusion

Vous vous démenez pour trouver du travail, mais vous doutez de vous. D'ailleurs, la déprime vous gagne. En effet, pour l'instant, les résultats se font attendre, mais vous gardez cependant espoir.

Explication

Chariot, on se démène pour trouver du travail.
Lune, on doute de soi.
Diable, on se sent un peu déprimé.
Arcane sans nom, pas de résultat dans l'immédiat.
Justice, mais on garde son équilibre tout de même.

Ce tirage rejoint la coupe. Il faut patienter et ne pas se décourager.

Question concernant un licenciement (sujet difficile) : réponses pour la 5e lame résultante

I *Bateleur : on attend une nouvelle.*

II *Papesse : non, pour l'instant, pas d'information sur ce sujet.*

III *Impératrice : on reçoit la nouvelle par courrier.*

IV *Empereur : non, pour l'instant tout va bien.*

V *Pape : il n'en est pas question maintenant.*

VI *Amoureux : on est vraiment dans le doute.*

VII *Chariot : non.*

VIII *Justice : non, mais peut-être changement de contrat.*

VIIII *Hermite : il faut faire preuve de patience.*

X *Roue de Fortune : il y a du changement dans l'air.*

XI *Force : changement.*

XII *Pendu : non pour l'instant, il faut patienter.*

XIII *Arcane sans nom : changement, transformation.*

XIIII *Tempérance : oui, mais pas tout de suite.*

XV *Diable : oui, avec une prime importante.*

XVI *Maison Dieu : oui.*

XVII *Étoile : non.*

XVIII *Lune : on est dans le doute, pas à l'aise.*

XVIIII *Soleil : non.*

XX *Jugement : pas pour l'instant.*

XXI *Monde : non.*

0 *Mat : on ne sait pas trop où l'on va, c'est tout de même présent.*

Questions d'ordre financier

Nous allons à présent aborder les finances avec des tirages comportant là aussi des cas de figure différents et traitant de sujets de la vie quotidienne.

Sujets traités : exemples touchant une demande sur :
– des problèmes financiers,
– des gains aux jeux de hasard,
– l'obtention d'un crédit,
– des précisions sur cette question,
– un achat immobilier (maison de mes rêves, appartement),
– une vente (maison, appartement),
– un déménagement.

Encore une fois, nous allons obtenir de nombreuses réponses sur ces sujets, et c'est en travaillant votre tarot le plus souvent possible que vous affinerez votre interprétation et votre intuition.

Au fil du temps, votre tarot n'aura plus de secret pour vous.

À vos lames !

1 – Exemple financier

Vais-je sortir de mes problèmes financiers actuels ?

Prenez votre jeu, battez et coupez en vous concentrant sur la question. (Idem pour les autres exemples ci-dessous.)

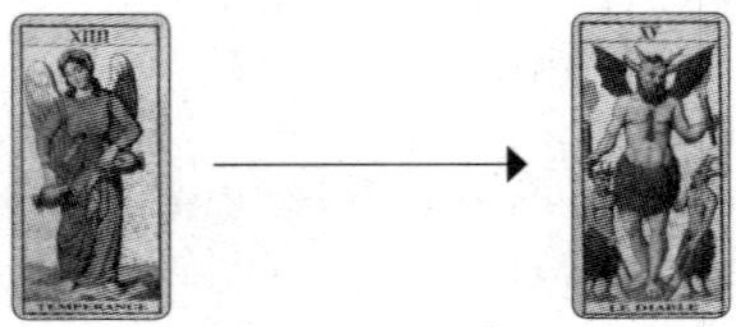

En coupe, on obtient : Tempérance, Diable ; vous devriez avoir des nouvelles très bientôt concernant vos finances.

On continue le tirage :

1re lame à gauche : Soleil (XVIIII)
2e lame en haut : Chariot (VII)
3e lame à droite : Tempérance (XIIII)
4e lame en bas : Justice (VIII)
5e lame, résultante des 4 lames, 48, 4 + 8 = 12 : Pendu (XII)

Conclusion

Actuellement, et pour l'instant, vous vous débrouillez tant bien que mal. Vous attendez effectivement une rentrée d'argent mais pas pour tout de suite. Cela rééquilibrera vos finances. En attendant vous êtes dans une impasse.

Explication

Soleil, pour l'instant vous vous débrouillez.
Chariot, vous attendez une amélioration de vos finances.
Tempérance, qui ne devrait pas tarder à arriver.
Justice, cela rééquilibrerait vos comptes.
Pendu, mais pour l'instant, la situation est bloquée.

La coupe rejoint le tirage ; cependant, ce dernier apporte une précision quant à la durée d'attente.

2 – Exemple financier

Vais-je sortir de mes problèmes financiers actuels ?

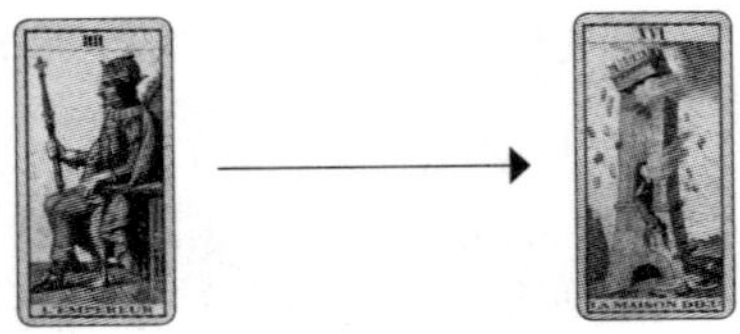

En coupe, on obtient : Empereur, Maison Dieu, effectivement votre plan financier est chaotique.

On continue le tirage :

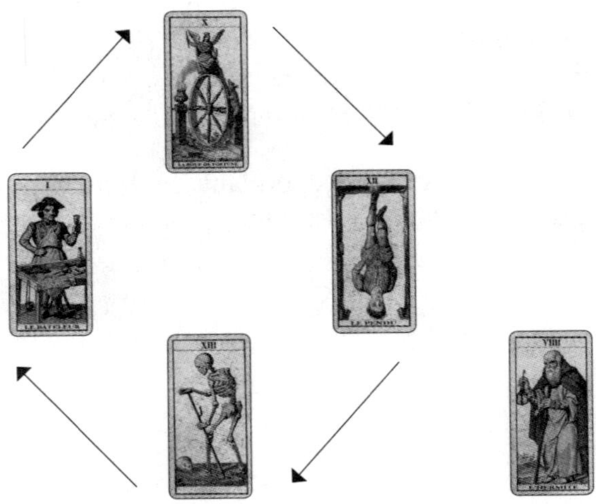

1re lame à gauche : Bateleur (I)
2e lame en haut : Roue de Fortune (X)
3e lame à droite : Pendu (XII)

4e lame en bas : Arcane sans nom (XIII)
5e lame, résultante des 4 lames, 36, 3 + 6 = 9 : Hermite (VIIII)

Conclusion

Vous aimeriez bien que cela bouge pour vous, qu'il y ait un changement, mais pour l'instant la situation stagne et vous vous sentez bien seul.

Explication

Bateleur, on attend une nouvelle.
Roue de Fortune, on aimerait du changement.
Pendu, pour l'instant c'est l'impasse.
Arcane sans nom, mais transformation dans le futur.
Hermite, solitude face à cette situation.

Le tirage rejoint la coupe.

3 – Exemple financier

On peut préciser la question : vais-je obtenir un crédit ?

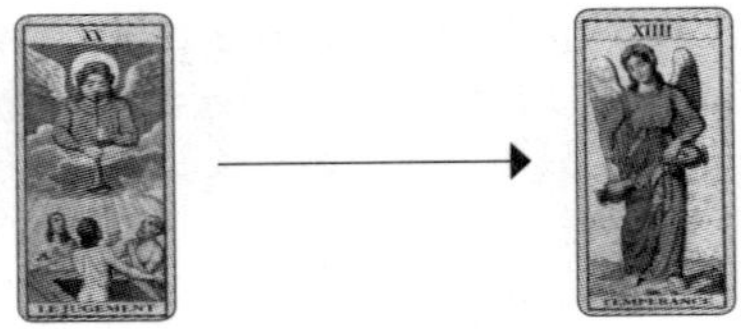

En coupe on obtient : Jugement, Tempérance ; vous allez trouver une solution financière assez rapidement.

On continue le tirage :

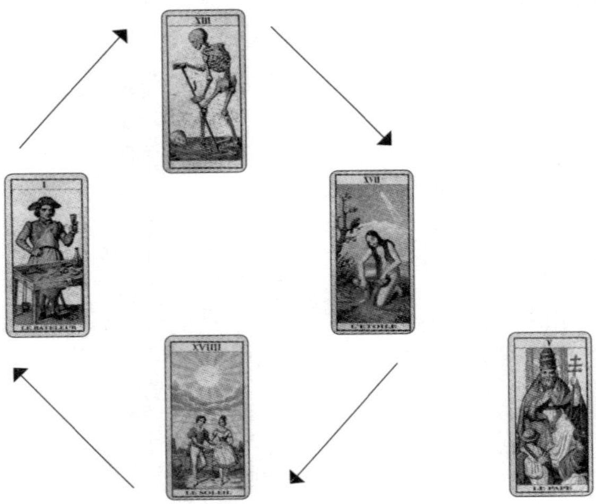

1re lame à gauche : Bateleur (I)
2e lame en haut : Arcane sans nom (XIII)
3e lame à droite : Étoile (XVII)

4e lame en bas : Soleil (XVIIII)
5e lame, résultante des 4 lames, 50 = 5 : Pape (V)

Conclusion

On cherche une solution avec les instances concernées (la banque, sociétés de crédit). Les problèmes sont résolus rapidement, ce qui simplifie votre vie financière.

Explication

Bateleur, on contacte son banquier.
Arcane sans nom, on élabore un financement.
Étoile, assez facilement.
Soleil, avec succès.
Pape, ce qui rééquilibre votre compte en banque.

La coupe rejoint le tirage.

4 – Exemple financier

Vais-je gagner au jeu ?

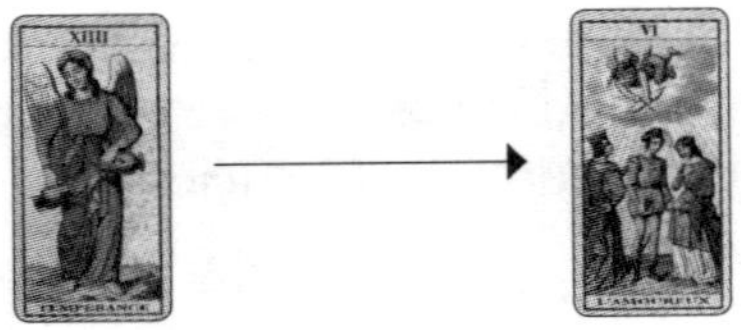

En coupe, on obtient : Tempérance, Amoureux ; on peut gagner des petites sommes d'argent.

On continue le tirage :

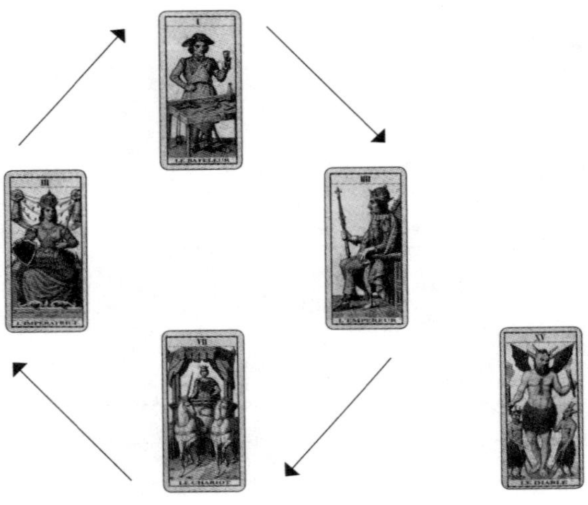

1re lame à gauche : Impératrice (III)
2e lame en haut : Bateleur (I)
3e lame à droite : Empereur (IIII)

4e lame en bas : Chariot (VII)
5e lame, résultante des 4 lames, 15 : Diable (XV)

Conclusion

Vous avez très envie de jouer à différents jeux. Vous tentez avec une certaine réussite ; vous avez des chances de gagner.

Explication

Impératrice, on veut jouer à plusieurs jeux.
Bateleur, on se lance dans la partie.
Empereur, avec des chances de réussite.
Chariot, amélioration de sa situation.
Diable, réussite et chance aux jeux.

La coupe rejoint le tirage.

5 – Exemple financier

Vais-je gagner aux jeux ?

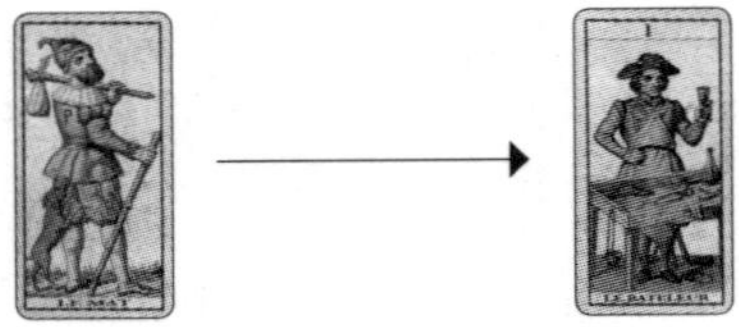

À la coupe, on obtient : Mat, Bateleur ; on peut toujours essayer.

On continue le tirage :

1re lame à gauche : Force (XI)
2e lame en haut : Lune (XVIII)
3e lame à droite : Tempérance (XIIII)

4e lame en bas : Diable (XV)
5e lame, résultante des 4 lames, 58, 5 + 8 = 13 : Arcane sans nom (XIII)

Conclusion

L'envie de jouer est bien là, mais on doute de ses chances. On ne devrait gagner que de petites sommes, des gains trop modiques pour avoir envie de poursuivre.

Explication

Force, on a envie de jouer.
Lune, on doute de la réussite.
Tempérance, pourtant on devrait gagner.
Diable, des petites sommes bienvenues compte tenu de ses finances.
Arcane sans nom, cela n'encourage pas à continuer.

Le tirage rejoint la coupe.

6 – Exemple financier

Vais-je gagner aux jeux ?

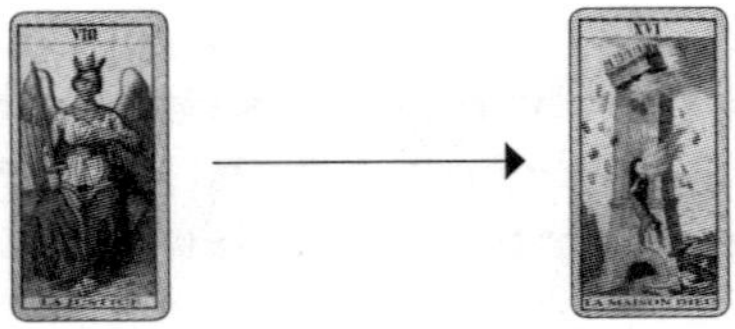

En coupe, on obtient : Justice, Maison Dieu : un équilibre qui risque d'être déstabilisé.

On continue le tirage :

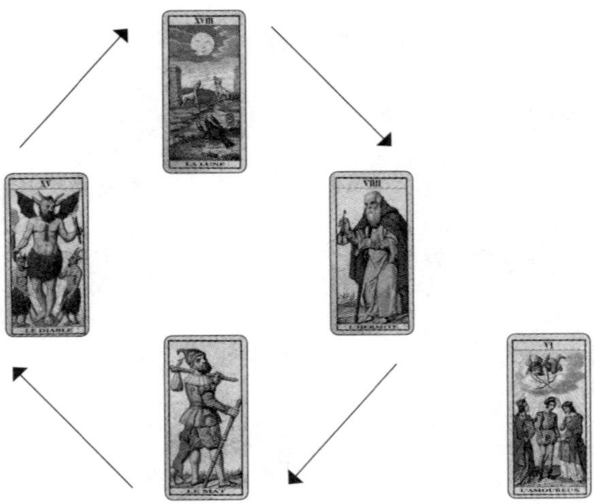

1re lame à gauche : Diable (XV)
2e lame en haut : Lune (XVIII)
3e lame à droite : Hermite (VIIII)

4e lame en bas : Mat (0)
5e lame, résultante des 4 lames, 42, 4 + 2 = 6 : Amoureux (VI)

Conclusion

On est désireux de gagner de l'argent rapidement par le truchement des jeux, mais on doute de ses chances de succès. Néanmoins la réussite est au bout (petites sommes).

Explication

Diable, on veut gagner aux jeux.
Lune, mais on doute.
Hermite, donc on réfléchit.
Mat, on ne sait pas trop où l'on met les pieds (univers inconnu).
Amoureux, on peut toutefois gagner de petits gains.

Le tirage ne rejoint pas la coupe cette fois-ci, puisqu'elle prédisait un échec dans son désir de gagner par le jeu. Cet exemple montre bien qu'il ne faut pas s'arrêter à l'interprétation de la coupe, mais persévérer avec le tirage.

7 – Exemple financier

Vais-je gagner aux jeux ?

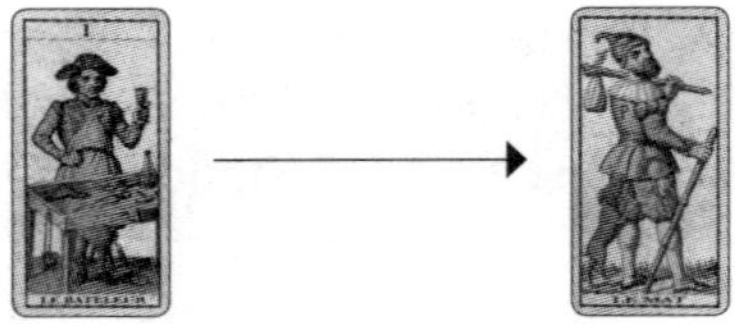

En coupe, on obtient : Bateleur, Mat ; on fait les démarches auprès des banques, mais on ne connaît pas l'aboutissement.

On continue le tirage :

1re lame à gauche : Diable (XV)
2e lame en haut : Monde (XXI)
3e lame à droite : Jugement (XX)

4e lame en bas : Étoile (XVII)
5e lame, résultante des 4 lames, 73, 7 + 3 = 10 : Roue de Fortune (X)

Conclusion

Vous avez besoin d'argent, vous faites donc les démarches nécessaires pour obtenir un crédit. Vous êtes confiant, et vous avez raison car vous obtenez un changement financier heureux.

Explication

Diable, on a besoin d'argent.
Monde, on est confiant.
Jugement, on a raison de l'être.
Étoile, votre action est protégée par les étoiles.
Roue de Fortune, réussite.

Dans ce cas-là, le tirage apporte plus de détails que la coupe.

8 – Exemple financier

Vais-je obtenir mon crédit ?

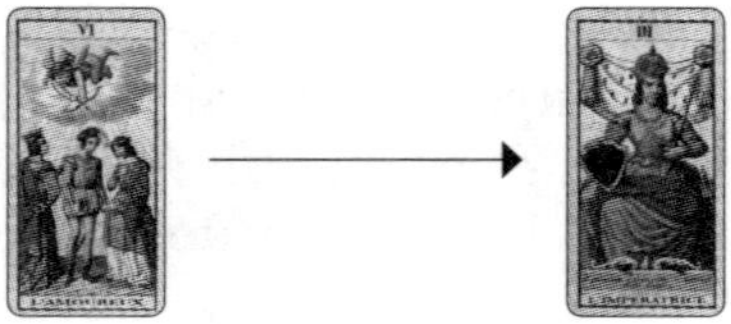

En coupe, on obtient : Amoureux, Impératrice ; on pourrait avoir de multiples façons d'obtenir ce crédit.

On continue le tirage :

1re lame à gauche : Justice (VIII)
2e lame en haut : Chariot (VII)
3e lame à droite : Empereur (IIII)

4e lame en bas : Pendu (XII)
5e lame, résultante des 4 lames, 31, 3 + 1 = 4 : Empereur (IIII)

Conclusion

Vous faites les démarches auprès des banques pour obtenir votre crédit. Vous avez de grandes chances de l'obtenir même si des obstacles se dressent devant vous.

Explication

Justice, on décide d'aller voir les établissements bancaires.
Chariot, on est sûr de soi et de son dossier.
Empereur, on va vers la réussite.
Pendu, même si l'on sent quelques hésitations de la part de ces établissements.
Empereur, on réussit tout de même ce que l'on entreprend.

Le tirage rejoint la coupe.

9 – Exemple financier

Vais-je obtenir mon crédit ?

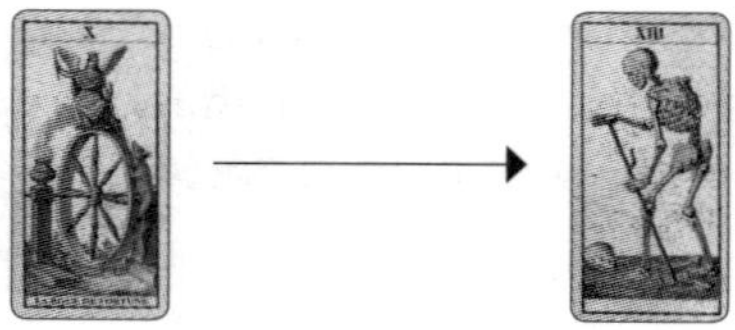

À la coupe, on obtient : Roue de Fortune, Arcane sans nom ; vous voulez que ça bouge sur le plan financier.

On continue le tirage :

1re lame à gauche : Maison Dieu (XVI)
2e lame en haut : Hermite (VIIII)
3e lame à droite : Tempérance (XIIII)

4e lame en bas : Amoureux (VI)
5e lame, résultante des 4 lames, 45, 4 + 5 = 9 : Hermite (VIIII)

Conclusion

Pour le moment, vos finances sont au plus bas et cela vous inquiète. Vous voulez changer cela, mais vous ne savez pas par où commencer.

Explication

Maison Dieu, l'état de vos finances est catastrophique.
Hermite, vous vous sentez bien seul.
Tempérance, il faut trouver une solution, l'aide d'un proche pour renflouer votre compte.
Amoureux, mais vous ne savez pas comment faire.
Hermite, mais cela peut prendre du temps.

N.B. : Lorsque vous obtenez ce genre de réponse vague, reposez la question. Battez le jeu et recoupez en vous concentrant sur la question.

10 – Exemple financier

On repose donc la même question : vais-je obtenir mon crédit ?

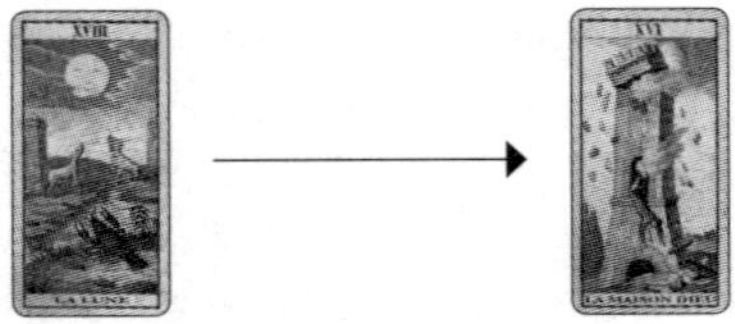

À la coupe, on obtient : Lune, Maison Dieu ; malgré la coupe difficile, on persiste.

On continue le tirage :

1re lame à gauche : Bateleur (I)
2e lame en haut : Arcane sans nom (XIII)
3e lame à droite : Maison Dieu (XVI)

4e lame en bas : Pendu (XII)
5e lame, résultante des 4 lames, 42, 4 + 2 = 6 : Amoureux (VI)

Conclusion

On essaie de trouver une solution mais tout est bloqué pour le moment. Inutile de continuer les recherches de crédits du moins pour l'instant, mieux vaut attendre.

Explication

Bateleur, on essaie de trouver une solution à son problème d'argent.
Arcade sans nom, c'est malgré tout assez difficile.
Maison Dieu, tout semble aller contre vous.
Pendu, effectivement la situation est bloquée pour l'instant.
Amoureux, aucune de vos multiples démarches n'aboutira.

La coupe rejoint le tirage.

11 – Exemple financier

Vais-je pouvoir acheter la maison de mes rêves ?

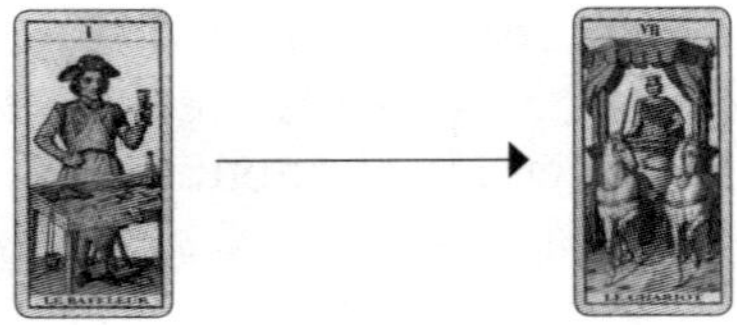

À la coupe, on obtient : Bateleur, Chariot ; effectivement, on a très envie de déménager, on devrait arriver à ses fins.

On continue le tirage :

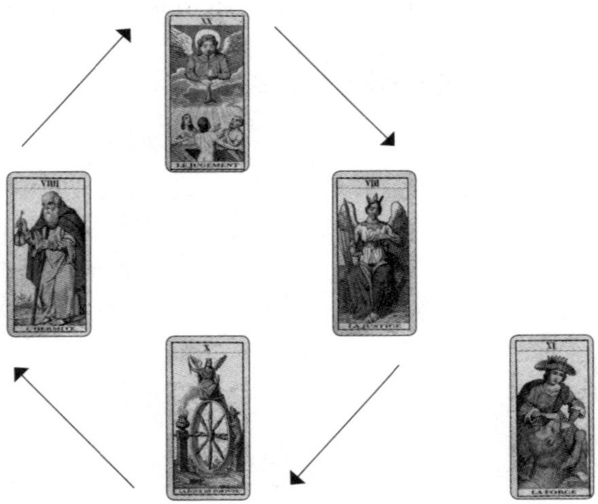

1re lame à gauche : Hermite (VIIII)
2e lame en haut : Jugement (XX)
3e lame à droite : Justice (VIII)

4e lame en bas : Roue de Fortune (X)
5e lame, résultante des 4 lames, 47, 4 + 7 = 11 : Force (XI)

Conclusion

Après mûre réflexion vous décidez de changer d'air. Vous vous sentez bien par rapport à cette décision. Vous allez avoir à signer des papiers très prochainement, qui amèneront à un changement de résidence, déménagement.

Explication

Hermite, réflexion à propos d'un déménagement.
Jugement, on est confiant quant à ce changement.
Justice, on pourrait avoir affaire à un notaire.
Roue de Fortune, ce qui amènera à un changement très prochainement.
Force, un changement positif.

La coupe rejoint le tirage.

12 – Exemple financier

Vais-je acheter une maison ?

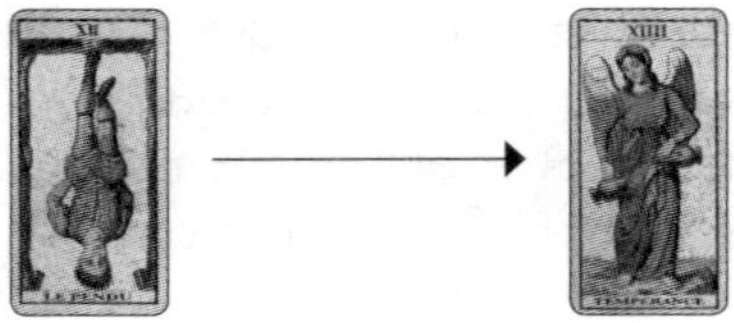

À la coupe on obtient : Pendu, Tempérance ; vous voudriez, c'est un réel désir mais actuellement tout semble aller contre vous. La situation est bloquée.

On continue le tirage :

1re lame à gauche : Arcane sans nom (XIII)
2e lame en haut : Lune (XVIII)
3e lame à droite : Justice (VIII)

4e lame en bas : Pendu (XII)
5e lame, résultante des 4 lames, 51, 5 + 1 = 6 : Amoureux (VI)

Conclusion

Pour le moment, on a le désir d'acheter une maison, mais on n'est pas prêt inconsciemment. De plus, la question financière pose problème et bloque la suite.

Explication

Arcane sans nom, on voudrait effectivement que cela change dans le quotidien.
Lune, mais on a des doutes quant aux changements à faire.
Justice, ce qui complique les relations avec autrui (agences immobilières, notaires…).
Pendu, pour l'instant les démarches n'aboutissent pas, notamment à cause du financement.
Amoureux, ce n'est pas le moment de vouloir acheter, il y a trop de blocages.

Il faudra reposer la question plus tard, d'ici un ou deux mois.

La coupe rejoint le tirage.

13 – Exemple financier

Vais-je acheter un appartement ?

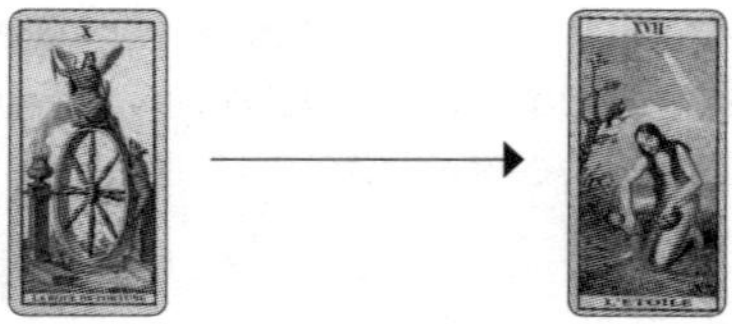

À la coupe on obtient : Roue de Fortune, Étoile ; un changement heureux se profile à l'horizon.

On continue le tirage :

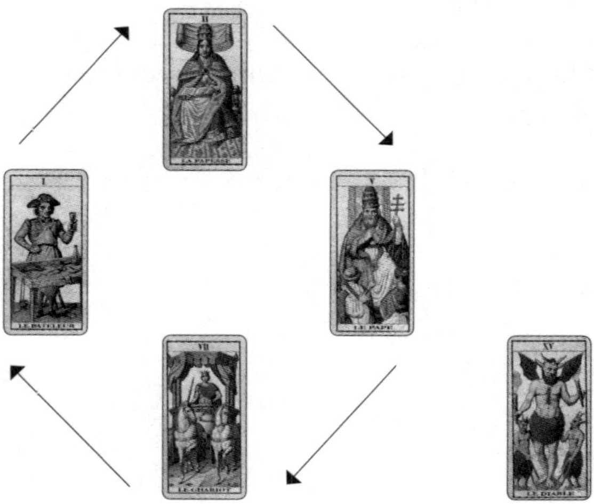

1re lame à gauche : Bateleur (I)
2e lame en haut : Papesse (II)
3e lame à droite : Pape (V)

4e lame en bas : Chariot (VII)
5e lame, résultante des 4 lames, 15 : Diable (XV)

Conclusion

On a le désir d'acheter. C'est une bonne idée, car c'est le moment. Cela devrait aboutir assez rapidement dans la mesure où vous avez les fonds.

Explication

Bateleur, idée de départ pour l'achat.
Papesse, c'est une bonne idée.
Pape, préparée sereinement.
Chariot, cela devrait se concrétiser assez rapidement.
Diable, et le financement ne devrait pas poser de problèmes particuliers.

Le tirage rejoint la coupe.

14 – Exemple financier

Vais-je vendre mon appartement ?

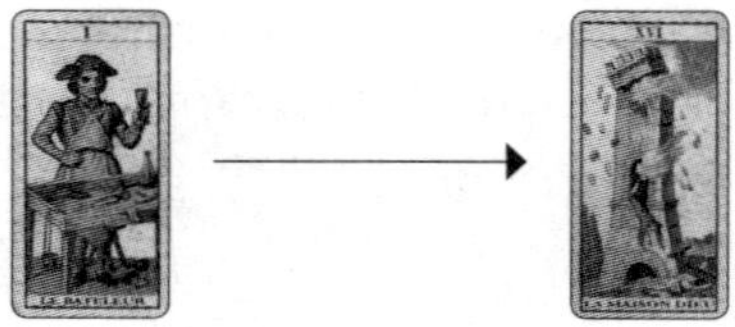

À la coupe, on obtient : Bateleur, Maison Dieu ; pour l'instant, on a dans l'idée de le vendre, mais c'est compliqué.

On continue le tirage :

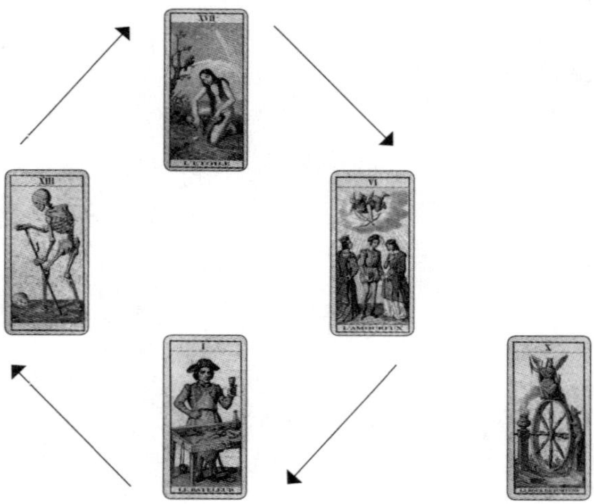

1re lame à gauche : Arcane sans nom (XIII)
2e lame en haut : Étoile (XVII)
3e lame à droite : Amoureux (VI)

4e lame en bas : Bateleur (I)
5e lame, résultante des 4 lames, 37, 3 + 7 = 10 : Roue de Fortune (X)

Conclusion

Dans un premier temps, on veut transformer, bouger, vendre ; c'est une bonne idée. Il y a plusieurs acheteurs, ce qui va vous amener à une transaction très prochainement, donc à un changement.

Explication

Arcane sans nom, mutation.
Étoile, très bénéfique.
Amoureux, il y a plusieurs acquéreurs.
Bateleur, vous avancez, vous faites la transaction.
Roue de Fortune, vous obtenez un changement dans votre vie.

Le tirage apporte plus de détails que la coupe.

15 – Exemple financier

Vais-je vendre mon appartement ?

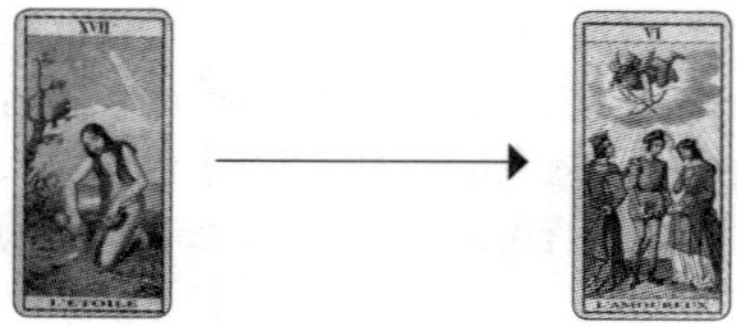

À la coupe, on obtient : Étoile, Amoureux ; oui, il pourrait d'ailleurs y avoir plusieurs personnes intéressées.

On continue le tirage :

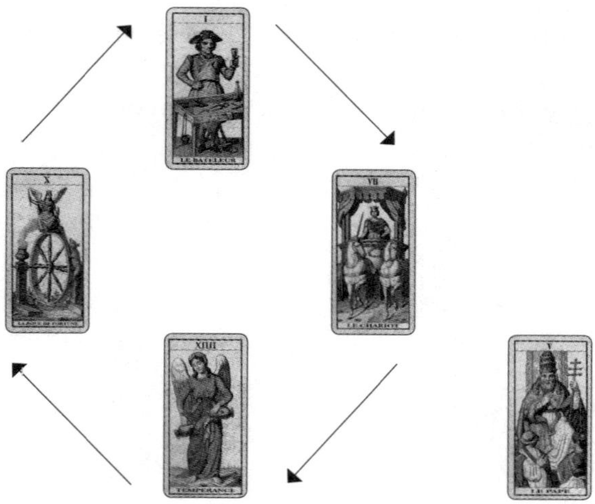

1re lame à gauche : Roue de Fortune (X)
2e lame en haut : Bateleur (I)
3e lame à droite : Chariot (VII)

4e lame en bas : Tempérance (XIIII)
5e lame, résultante des 4 lames, 32, 3 + 2 = 5 : Pape (V)

Conclusion

On veut du changement, on veut déménager. On va trouver rapidement un acquéreur avec qui on arrivera à une conclusion sereine.

Explication

Roue de Fortune, on veut vendre, on veut du changement.
Bateleur, cela devrait bientôt arriver.
Chariot, il y a vente dans l'air, transactions financières.
Tempérance, vous devriez vendre.
Pape, sans aucun souci.

La coupe rejoint le tirage.

16 – Exemple financier

Vais-je vendre ma maison ?

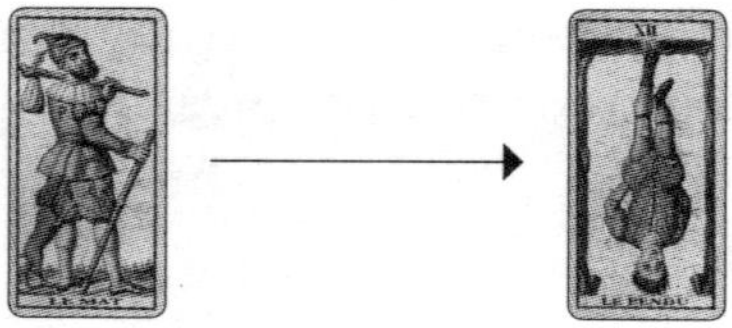

À la coupe on obtient : Mat, Pendu ; pour l'instant, on ne sait pas vraiment où l'on va, et cela apparaît compliqué.

On continue le tirage :

1re lame à gauche : Pendu (XII)
2e lame en haut : Pape (V)
3e lame à droite : Tempérance (XIIII)

4e lame en bas : Lune (XVIII)
5e lame, résultante des 4 lames, 49, 4 + 9 = 13 : Arcane sans nom (XIII)

Conclusion

Malgré votre envie de changement pour un nouveau départ, la situation reste bloquée et n'a aucune chance d'aboutir dans un proche futur.

Explication

Pendu, pour l'instant, la vente est bloquée.
Pape, pourtant, on y pense fortement.
Tempérance, ne serait-ce que pour reprendre un nouveau départ.
Lune, mais pour le moment c'est hésitant.
Arcane sans nom, voie caduque.

Il convient de reposer la question plus tard.

La coupe rejoint le tirage.

17 – Exemple financier

Vais-je déménager ?

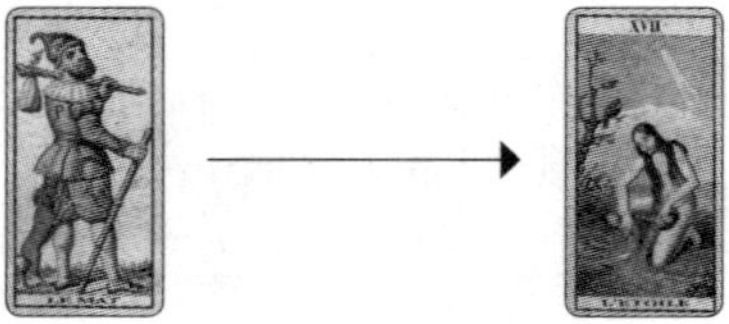

À la coupe, on obtient : Mat, Étoile ; oui très prochainement.

On continue le tirage :

1re lame à gauche : Chariot (VII)
2e lame en haut : Tempérance (XIIII)
3e lame à droite : Monde (XXI)

4e lame en bas : Bateleur (I)
5e lame, résultante des 4 lames, 43, 4 + 3 = 7 : Chariot (VII)

Conclusion

On veut effectivement déménager. C'est pour ainsi dire fait et établi dans votre tête, mais il faut maintenant le faire concrètement. Cela devrait aboutir très bientôt et vous prendrez alors un nouveau départ.

Explication

Chariot, on veut bouger, transformer son quotidien.
Tempérance, et cela va se produire.
Monde, très bientôt.
Bateleur, pour prendre un nouveau départ.
Chariot, c'est une réussite.

La coupe rejoint le tirage.

18 – Exemple financier

Vais-je déménager ?

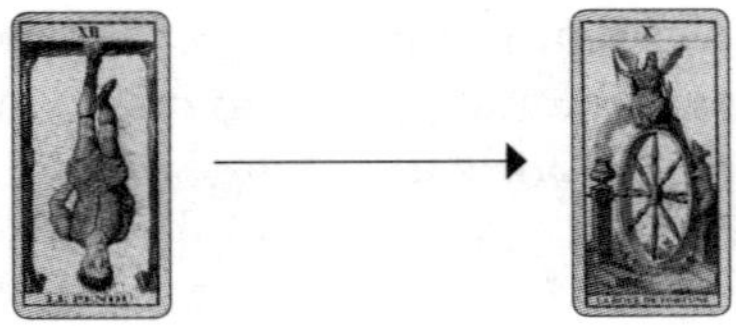

À la coupe, on obtient : Pendu, Roue de Fortune ; vous voudriez un changement, mais la situation est visiblement compliquée.

On continue le tirage :

1re lame à gauche : Hermite (VIIII)
2e lame en haut : Amoureux (VI)
3e lame à droite : Lune (XVIII)

4e lame en bas : Force (XI)
5e lame, résultante des 4 lames, 44, 4 + 4 = 8 : Justice (VIII)

Conclusion

Malgré l'envie, vous hésitez à bouger et vous vous posez beaucoup de questions. En effet, pour le moment, vous restez dans l'idée de déménager mais vous ne passez pas à l'action. Finalement, vous décidez de rester dans votre domicile actuel.

Explication

Hermite, vous pensez à un déménagement.
Amoureux, mais hésitez malgré tout.
Lune, ce flou est renforcé.
Force, et apparemment vous vous sentez bien dans votre domicile actuel.
Justice, où vous avez un certain équilibre.

Le tirage rejoint la coupe.

19 – Exemple financier

Vais-je déménager prochainement ?

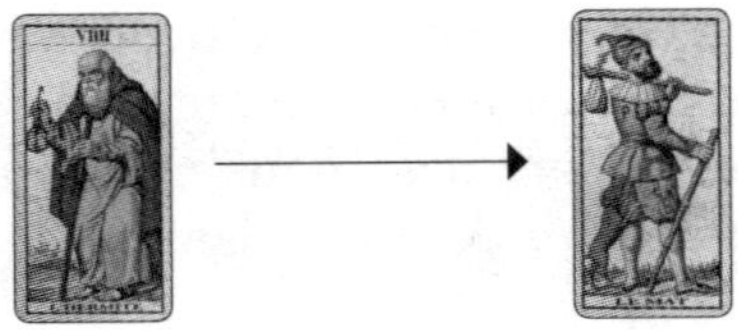

À la coupe on obtient : Hermite, Mat ; désir de changer de domicile après de longues années passées dans celui-ci, mais également peur de l'inconnu.

On continue le tirage :

1re lame à gauche : Impératrice (III)
2e lame en haut : Pendu (XII)
3e lame à droite : Maison Dieu (XVI)

4e lame en bas : Roue de Fortune (X)
5e lame, résultante des 4 lames, 41, 4 + 1 = 5 : Pape (V)

Conclusion

Déménagement désiré mais bloqué pour le moment – ce qui ne veut pas dire qu'il ne se fera pas plus tard : le Pape renforce cette position. L'attente reste la meilleure option.

Explication

Impératrice, on veut déménager.
Pendu, caduque pour l'instant.
Maison Dieu, ce n'est pas la peine d'insister.
Roue de Fortune, on déménagera plus tard.
Pape, confirmation avec cette lame.

Le tirage rejoint la coupe.

QUESTION CONCERNANT UNE TRANSACTION DANS L'ANNÉE : RÉPONSES POUR LA 5e LAME RÉSULTANTE

I *Bateleur : je me renseigne sur une éventuelle transaction.*
II *Papesse : réflexion.*
III *Impératrice : je multiplie mes démarches.*
IV *Empereur : oui, je le désire.*
V *Pape : c'est mûrement réfléchi.*
VI *Amoureux : j'hésite.*
VII *Chariot : oui, avec réussite.*
VIII *Justice : je pèse le pour et le contre.*
VIIII *Hermite : je prends mon temps.*
X *Roue de Fortune : oui, transaction rapide.*
XI *Force : très rapidement.*
XII *Pendu : pour l'instant, je me sens dans une impasse.*
XIII *Arcane sans nom : je veux que cela bouge dans ce sens.*
XIIII *Tempérance : oui, mais transaction dans le temps.*
XV *Diable : oui, transaction fructueuse.*
XVI *Maison Dieu : ce n'est pas le moment.*
XVII *Étoile : transaction facile.*
XVIII *Lune : transaction plus compliquée.*
XVIIII *Soleil : transaction lucrative.*
XX *Jugement : transaction bien menée.*
XXI *Monde : très bonne transaction.*
0 *Mat : oui, transaction rapide.*

Enfants

N'oublions pas nos chères têtes blondes. On se pose toujours beaucoup de questions à leur sujet et eux-mêmes attendent souvent une réponse de notre part.

Voici les sujets les plus souvent concernés :

– réussite aux examens (réponse au dénouement positif/ réponse au dénouement négatif),

– passage dans la classe supérieure,

– permis de conduire.

Bien sûr, il y en a bien d'autres, mais ce sont ceux-là qui reviennent le plus souvent.

À vos lames !

1 – Exemple enfant

Mon fils Sébastien va-t-il réussir ses examens de fin d'année ?

Comme toujours, prenez votre jeu, battez-le puis coupez en vous concentrant sur la question posée.

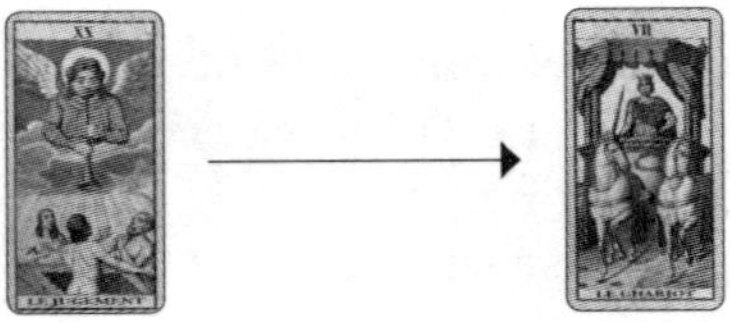

À la coupe, on obtient : Jugement, Chariot ; Sébastien a de grandes chances de réussite.

On continue le tirage :

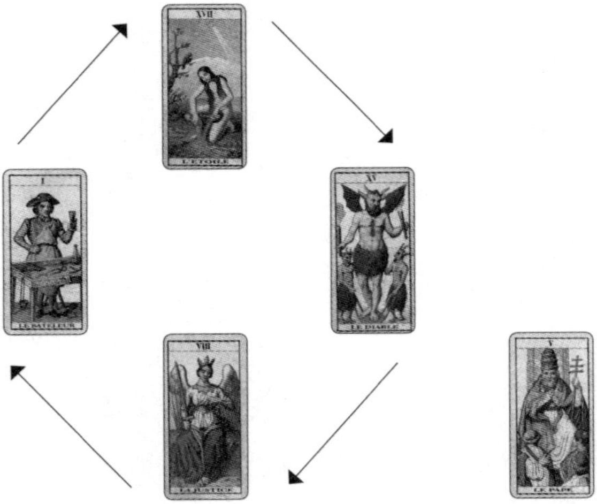

1re lame à gauche : Bateleur (I)
2e lame en haut : Étoile (XVII)
3e lame à droite : Diable (XV)
4e lame en bas : Justice (VIII)
5e lame, résultante des 4 lames, 41, 4 + 1 = 5 : Pape (V)

Conclusion

Sébastien attend avec impatience des nouvelles de ses examens ; il a confiance en lui, mais il est soucieux. Pourtant il y a réussite certaine.

Explication

Bateleur, Sébastien attend des nouvelles.
Étoile, il est confiant.
Diable, mais tout de même peur de l'échec.
Justice, il y a réussite.
Pape, qui l'amène à un certain équilibre dans la suite de ses études.

La coupe rejoint le tirage.

2 – Exemple enfant

Dans le cas contraire, pour la même question.

Mon fils Sébastien va-t-il réussir ses examens de fin d'année ?

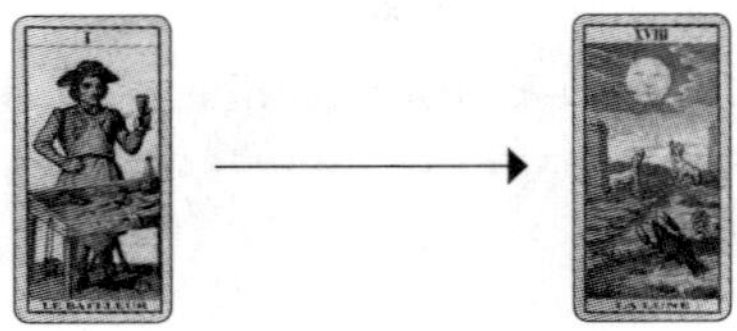

À la coupe, on obtient : Bateleur, Lune ; Sébastien attend avec angoisse ses résultats ; il n'est pas sûr de lui.

On continue le tirage :

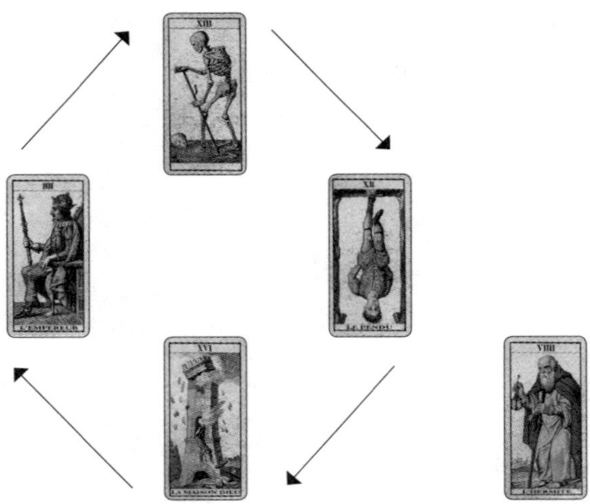

1re lame à gauche : Empereur (IIII)
2e lame en haut : Arcane sans nom (XIII)
3e lame à droite : Pendu (XII)
4e lame en bas : Maison Dieu (XVI)
5e lame, résultante des 4 lames, 45, 4 + 5 = 9 : Hermite (VIIII)

Conclusion

Sébastien attend des nouvelles, pratiquement sûr de ne pas avoir réussi. En effet, il est resté coincé sur certains sujets. Les nouvelles lui donnent raison, il a échoué.

Explication

Empereur, Sébastien attend.
Arcane sans nom, mais il n'est pas sûr de lui.
Pendu, il pense avoir échoué sur certains sujets.
Maison Dieu, il y a échec.
Hermite, morosité de Sébastien.

La coupe rejoint le tirage.

3 – Exemple enfant

Mon fils Louis va-t-il réussir ses examens de fin d'année ?

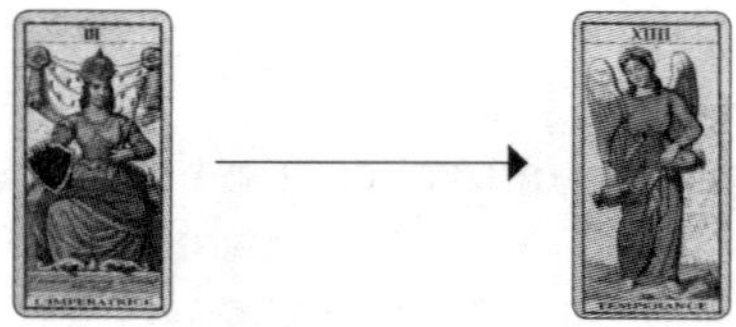

À la coupe, on obtient : Impératrice, Tempérance ; attente des résultats avec impatience.

On continue le tirage :

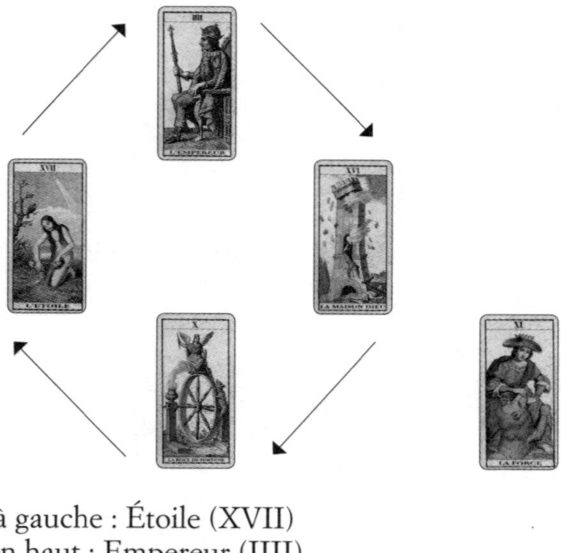

1re lame à gauche : Étoile (XVII)
2e lame en haut : Empereur (IIII)
3e lame à droite : Maison Dieu (XVI)

4e lame en bas : Roue de Fortune (X)
5e lame, résultante des 4 lames, 47, 4 + 7 = 11 : Force (XI)

Conclusion

Louis attend ses résultats sereinement, pourtant les résultats ne sont pas ceux escomptés, ce qui risque de l'amener à changer d'orientation.

Explication

Étoile, attente des résultats.
Empereur, sereinement.
Maison Dieu, pourtant, ceux-ci sont loin d'être excellents.
Roue de Fortune, on peut vouloir changer d'orientation.
Force, visiblement avec raison.

Le tirage approfondit la première interprétation, celle de la coupe.

4 – Exemple enfant

Ma fille Caroline va-t-elle passer en classe supérieure ?

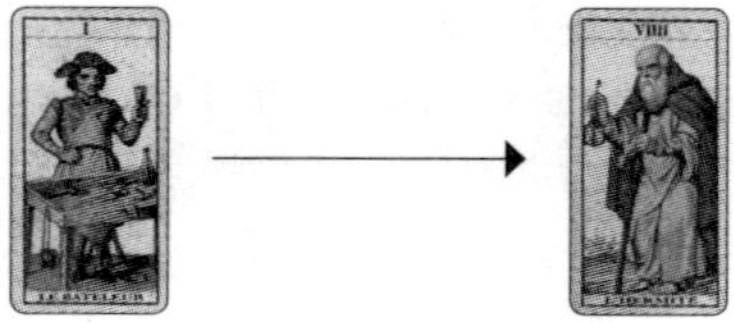

À la coupe, on obtient : Bateleur, Hermite ; patience, vous allez recevoir les résultats de fin d'année.

On continue le tirage :

1re lame à gauche : Amoureux (VI)
2e lame en haut : Maison Dieu (XVI)
3e lame à droite : Mat (0)

4e lame en bas : Monde (XXI)
5e lame, résultante des 4 lames, 43, 4 + 3 = 7 : Chariot (VII)

Conclusion

Caroline attend avec impatience son passage en classe supérieure mais n'est pas trop sûre d'elle. Pourtant, elle a de grandes chances de réussir.

Explication

Amoureux, Caroline est en attente de son passage en classe supérieure.
Maison Dieu, elle doute de ses résultats.
Mat, pourtant elle passe en classe supérieure.
Monde, sans problème.
Chariot, confirmation du succès.

Dans ce cas précis, il était important de continuer après la coupe.

5 – Exemple enfant

Ma fille Caroline va-t-elle passer en classe supérieure ?

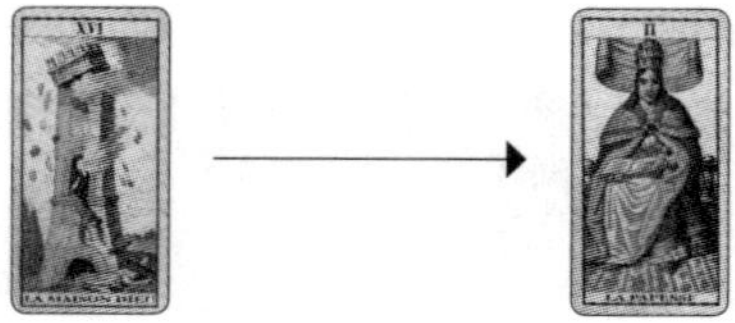

À la coupe, on obtient : Maison Dieu, Papesse ; il y a peu de chances.

On continue le tirage :

1re lame à gauche : Lune (XVIII)
2e lame en haut : Tempérance (XIIII)
3e lame à droite : Arcane sans nom (XIII)

4e lame en bas : Impératrice (III)
5e lame, résultante des 4 lames, 48, 4 + 8 = 12 : Pendu (XII)

Conclusion

Doute quant au passage en classe supérieure. Attente. Puis les doutes se confirment avec l'arrivée du courrier et une mauvaise nouvelle : Caroline a échoué, elle redouble.

Explication

Lune, on doute du résultat.
Tempérance, on attend.
Arcane sans nom, la réponse est négative.
Impératrice, on reçoit la nouvelle par courrier.
Pendu, redoublement pour Caroline.

Le tirage rejoint la coupe.

6 – Exemple enfant

Ma fille Caroline va-t-elle réussir son examen ?

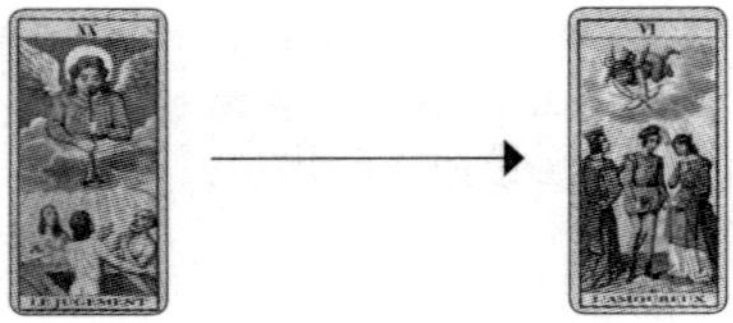

À la coupe, on obtient : Jugement, Amoureux ; Caroline devrait l'avoir, cependant le doute subsiste.

On continue le tirage :

1re lame à gauche : Arcane sans nom (XIII)
2e lame en haut : Papesse (II)
3e lame à droite : Amoureux (VI)

4e lame en bas : Roue de Fortune (X)
5e lame, résultante des 4 lames, 31, 3 + 1 = 4 : Empereur (IIII)

Conclusion

On n'est pas assuré du résultat. On attend, le rattrapage est envisageable, mais, de toutes les manières, la réussite est au bout.

Explication

Arcane sans nom, Caroline n'est pas rassurée sur son sort.
Papesse, elle attend.
Amoureux, il y a ballottage.
Roue de Fortune, favorable.
Empereur, réussite à l'examen.

Le tirage rejoint la coupe.

7 – Exemple enfant

Martine doit passer son permis de conduire ; réussira-t-elle ?

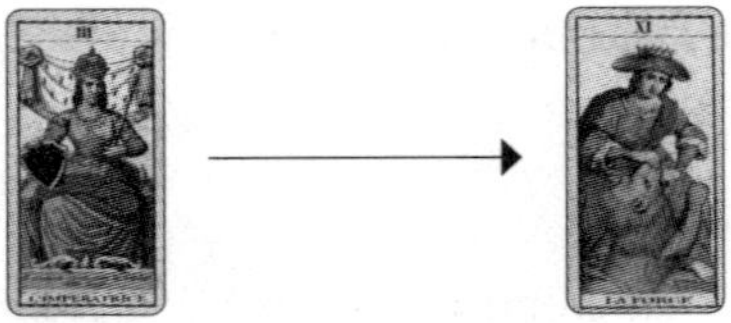

À la coupe, on obtient : Impératrice, Force ; la réponse est positive sur la coupe.

On continue le tirage :

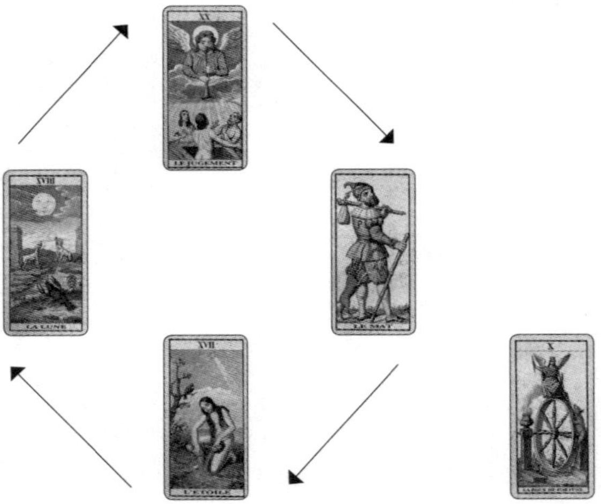

1re lame à gauche : Lune (XVIII)
2e lame en haut : Jugement (XX)
3e lame à droite : Mat (0)

4e lame en bas : Étoile (XVII)
5e lame, résultante des 4 lames, 55, 5 + 5 = 10 : Roue de Fortune (X)

Conclusion

Martine est angoissée, pourtant il n'y a pas lieu de l'être puisqu'elle l'obtient aisément. Elle franchit une étape très importante dans sa vie.

Explication

Lune, Martine doute d'elle-même.
Jugement, pourtant cela devrait bien se passer.
Mat, jusqu'au bout elle va douter.
Étoile, il y a obtention du permis.
Roue de Fortune, ce qui amène un changement dans sa vie.

La coupe rejoint le tirage.

8 – Exemple enfant

Même question, résultat différent.

Martine doit passer son permis de conduire ; réussira-t-elle ?

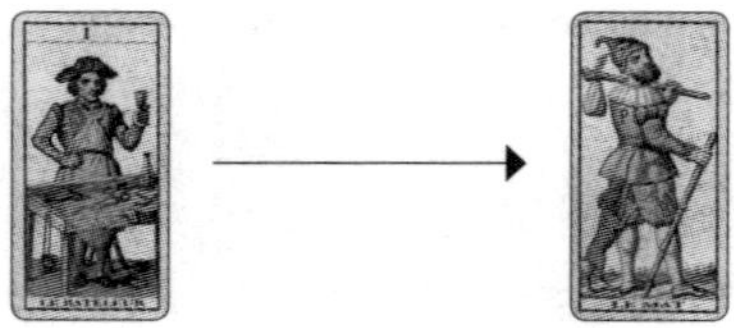

À la coupe, on obtient : Bateleur, Mat ; on rêve de l'avoir mais grosse incertitude.

On continue le tirage :

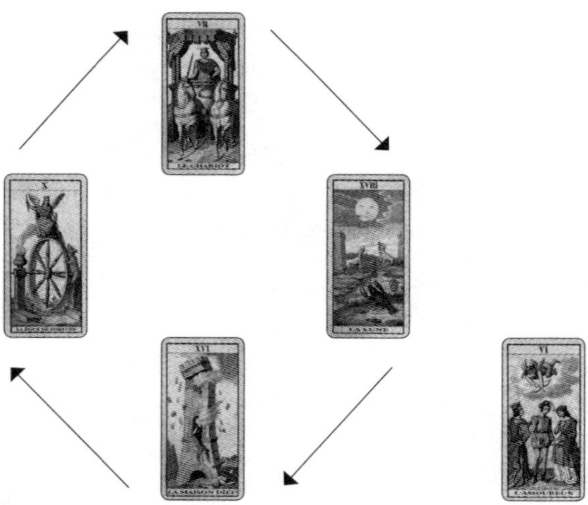

1re lame à gauche : Roue de Fortune (X)
2e lame en haut : Chariot (VII)

3e lame à droite : Lune (XVIII)
4e lame en bas : Maison Dieu (XVI)
5e lame, résultante des 4 lames, 51, 5 + 1 = 6 : Amoureux (VI)

Conclusion

On aimerait réussir ce permis, cela changerait beaucoup de choses, mais l'angoisse et le doute vont malheureusement vous faire échouer à cet examen. La déception est grande.

Explication

Roue de Fortune, on désire ce permis, pour évoluer, changer.
Chariot, on le veut très fortement.
Lune, ce qui entraîne une angoisse souvent synonyme dans ce genre de situation…
Maison Dieu, d'échec amenant à une…
Amoureux, légère dépression.

La coupe rejoint le tirage.

Question concernant des examens des enfants : réponses pour la 5e lame résultante

I *Bateleur : on est en attente de nouvelles.*

II *Papesse : oui, il y a de grandes chances de réussite.*

III *Impératrice : oui, il y a réussite.*

IV *Empereur : oui, sans problème.*

V *Pape : oui, sans problème.*

VI *Amoureux : oui, mais malgré tout on a des craintes.*

VII *Chariot : oui, et c'est une réussite.*

VIII *Justice : oui, et sans problème.*

VIIII *Hermite : on est dans l'attente des résultats.*

X *Roue de Fortune : oui et cela devrait changer beaucoup de choses.*

XI *Force : oui, et très bien.*

XII *Pendu : non pour l'instant, il faudra sans doute recommencer.*

XIII *Arcane sans nom : non, il faudra recommencer l'année prochaine.*

XIIII *Tempérance : oui, mais il y aura une matière à repasser plus tard.*

XV *Diable : on est anxieux à l'approche des résultats.*

XVI *Maison Dieu : non, l'examen est raté.*

XVII *Étoile : oui, très bien.*

XVIII *Lune : oui, mais on doute de soi, il faut être plus confiant.*

XVIIII *Soleil : oui, et sans problème.*

XX *Jugement : oui, et les résultats sont bons.*

XXI *Monde : oui, très positif.*

0 *Mat : on a réussi et on veut continuer ses études.*

Affectif

Nous allons maintenant aborder un sujet brûlant, le domaine sentimental, avec tout ce que cela implique (mariage, divorce, rencontre, rupture, début d'une histoire...).

Il est important, quand on aborde ce thème, de toujours faire attention à la sensibilité du consultant. Pour ce faire, je vous explique par le biais de l'astrologie le comportement émotionnel de chaque signe du zodiaque. Il y a une façon de dire les choses, du moins de les annoncer.

Vous allez très vite vous rendre compte qu'il y a des personnes dont la sensibilité est à fleur de peau, d'autres donnant l'impression d'être plus détachées, mais pour qui la vérité sera tout de même difficile à entendre, et d'autres enfin plus insensibles. N'hésitez pas à demander de quel signe du zodiaque est le consultant avant tout tirage concernant le domaine affectif.

Sujets traités :
- Vais-je faire une rencontre sentimentale ?
- Vais-je me marier ?
- Vais-je vivre avec mon ami(e) ?
- Vais-je divorcer ?
- Vais-je me séparer ?
- Ma relation va-t-elle durer ?

À question claire, réponse claire. Autrement dit, n'hésitez pas à reposer la question dans quelques jours ou quelques mois plutôt que d'insister.

À vos lames !

Sensibilité et émotivité selon les signes du zodiaque

Lors d'une consultation, le plan émotionnel et la sensibilité de la personne qui se trouve en face de vous sont à prendre en considération. Les signes du zodiaque permettent de vous renseigner sur ces différents aspects.

Selon leur signe, les sujets vont réagir de manière différente à ce que nous allons dire et à notre façon de le dire, c'est pourquoi il est important de bien cerner les personnes et leurs caractéristiques zodiacales avant la consultation.

Bélier

Penser que le Bélier se trouve être le premier signe du zodiaque. C'est un peu le bébé du zodiaque. Né avec le printemps, il lui ressemble dans son attitude, très enjoué, aimant la nouveauté, impulsif. Il aime ou il n'aime pas, il peut s'emballer très vite, mais s'ennuyer aussi rapidement. Sensible, mais ne le montre pas forcément. Attachant, enfantin, préfère passer à une autre aventure si celle du moment ne lui convient pas. Par contre, peut être très fidèle et protecteur quand il aime profondément, gâtant son entourage sans compter. Feu/Mars.

Taureau

Toujours dans le signe du printemps, un peu plus sage tout de même que le Bélier. Plus possessif, tenace, tendre, fleur bleue, prévenant, gentil en général. Il y a souvent une association de l'amour avec l'argent, au contraire du Bélier qui ne compte pas. Il confond parfois amour et argent. Malgré tout, a la larme facile, est sensible, émotif s'il aime. S'il n'aime plus, le portefeuille n'est jamais très loin du cœur et il vous le fait remarquer. Terre/Vénus.

Gémeaux

Premier signe d'*air*, du printemps, représente l'adolescence dans le zodiaque, aime le flirt, le papillonnage, aime séduire, ne passe pas toujours à l'action. Sensible et émotif sur l'instant, mais oublie très vite, intellectualise l'amour, le rêve souvent, mais ne s'attache pas vraiment. Il représente l'air, et a beaucoup d'autres centres d'intérêt par ailleurs. Air/Mercure.

Cancer

Signe d'*eau*, ressent les choses, intuitif, sensible, émotif, pleure facilement, parfois introverti. S'il n'est pas compris, il se referme sur lui ; malgré tout, il n'est pas rancunier, mais lorsque la sensibilité est touchée, peut ne plus vouloir communiquer avec son entourage proche. À prendre avec beaucoup de délicatesse lors d'une consultation : un mot perçu peut rendre le Cancer malade. Avant tout très sensible et émotif. Eau/Lune.

Lion

Imaginer un Lion dans la jungle avec sa femelle, très protecteur, très rayonnant, sensible mais ne le montrant pas. Il aime surtout qu'on n'oublie pas de lui dire à quel point on l'aime, et il faut lui prouver. Généreux, mais aime décider pour toute la famille, autoritaire, il aime sans compter. Signe de *Feu*, la passion est au rendez-vous, un peu comme avec le Bélier. Prouve son amour par des gestes et des cadeaux. Sensible mais trop fier pour le montrer. Aime dominer. Feu/Soleil.

Vierge

Régi par la planète Mercure tout comme le Gémeaux, a tendance à intellectualiser l'affectif, un peu froid dans les sentiments, analyse souvent le ou la conjointe pour trouver la faille. Signe de Terre, le deuxième dans le zodiaque, lucidité et analyse sont au rendez-vous, avant de donner son amour. Une fois décidée, la Vierge donne son amour sans compter, sans arrière-pensée, par contre, tout comme le signe du Taureau, elle n'oublie pas ce qu'on lui a fait ou dit. Moins affectueux que le Taureau, car, tout comme le Gémeaux, a beaucoup d'autres centres d'intérêt. Sensibilité cachée, introversion, ne sait pas dire je t'aime, ni s'exprimer. Attention, lors d'une consultation, n'oublie jamais ce qu'on dit, signe très intelligent. Terre/Mercure.

Balance

En général, très sensible, émotive, fleur bleue; l'esthétique, l'apparence sont primordiales. La Balance est vénusienne, très féminine; elle représente l'élément féminin. Généralement belle ou beau physiquement, attache parfois trop d'importance à l'habillement, mais très émotive, sentimentale, aime être protégée en amour. Fragilité dans les sentiments. Là aussi, attention lors d'une consultation à ne pas traumatiser, car la Balance est trop sensible et sa santé pourrait s'altérer. Air/Vénus.

Scorpion

Plus compliqué dans le mental, aime la difficulté; tout ce qui est facile ne l'intéresse pas. Lorsque c'est trop simple, fait en sorte de compliquer la situation. Possessif, jaloux, autoritaire, aime dominer. Très sensuel, sexuel, passionné, peut être sensible mais ne le montre surtout pas. Régi par Pluton, le Scorpion est un signe d'eau, le deuxième dans le zodiaque. Eau/Pluton.

Sagittaire

Signe de Feu, le troisième dans le zodiaque, plus sage que les deux premiers, ayant une certaine philosophie de la vie. Sur le plan affectif, le Sagittaire aime ce qui lui échappe, un peu comme le Gémeaux, signe opposé à lui même dans le zodiaque. Tout ce qui est acquis d'avance ne lui convient pas, au contraire, il faut toujours lui donner l'impression de ne pas lui appartenir. Sensuel, joueur, fantaisiste en amour, n'aime pas ce qui est conventionnel. Fidèle à sa famille, cela ne l'empêche pas de donner quelques coups de canif dans le contrat de mariage ; par contre, divorce rarement, ne veut pas faire de mal à son entourage. Feu/Jupiter.

Capricorne

Régi par Saturne, reste très réservé sur le plan sentimental. Grande lucidité, par contre. Lorsque le Capricorne est amoureux, il le reste très longtemps. Peu démonstratif, mais on peut compter sur lui, divorce rarement, est attaché pour longtemps, aime les preuves d'amour. Personnalité avant tout équilibrée, le point faible de ce signe se trouve être la froideur, peu de démonstrations. Terre/Saturne.

Verseau

Signe d'air, très influencé par Uranus, planète de l'action, de la liberté. Le verseau n'aime pas se sentir enfermé dans une relation, très indépendant, a horreur de se sentir coincé ; autrement, s'échappe ou trouve le moyen de s'échapper par d'autres centres d'intérêt. Sport, travail, copains, il ne faut pas oublier que le Verseau se trouve être le signe le plus amical du zodiaque. Donne l'impression d'être insaisissable. Air/Uranus.

Poissons

Neptunien avant tout, c'est-à-dire sensible, émotif, mais se posant toujours des questions même quand ça n'est pas nécessaire ; peut faire des scènes violentes, les déclencher en vue d'une réconciliation sur l'oreiller. Remet souvent en cause les sentiments du conjoint ; il faut sans arrêt lui prouver de l'affection. Ne pas oublier les petites attentions, les anniversaires, etc. Autrement, attention, le Poissons n'oublie pas. Eau/Neptune.

Pour les ententes	
Eau/Terre : très bon	Feu/Terre : moyen
Eau/Air : moyen	Air/Air : bon
Air/Feu : très bon	Eau/Eau : moyen
Feu/Eau : pas bon	Feu/Feu : relation dynamique
Terre/Terre : bonne relation	

1 – Exemple sentimental

Vais-je faire une rencontre ?

Comme toujours, vous reprenez votre tarot, vous battez et vous coupez en pensant fortement à la question.

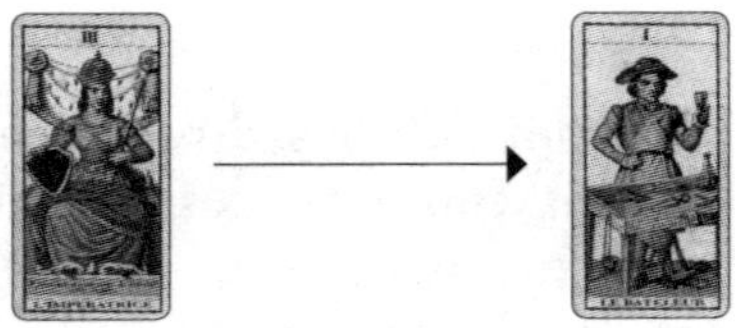

À la coupe, on obtient : Impératrice, Bateleur ; vous êtes prêt(e) pour une nouvelle rencontre.

On continue le tirage :

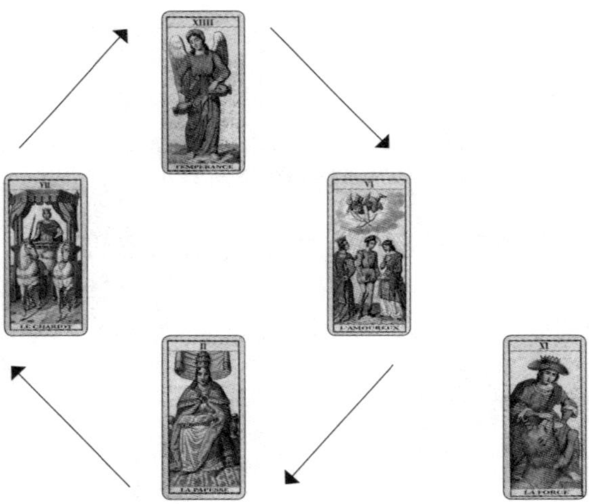

1re lame à gauche : Chariot (VII)
2e lame en haut : Tempérance (XIIII)
3e lame à droite : Amoureux (VI)
4e lame en bas : Papesse (II)
5e lame, résultante des 4 lames, 29, 2 + 9 = 11 : Force (XI)

Conclusion

Vous allez sûrement faire une rencontre par l'intermédiaire d'un groupe d'amis très prochainement ; cependant, il faudra attendre un peu avant de pouvoir envisager quoi que ce soit avec cette personne.

Explication

Chariot, on a très envie de rencontrer quelqu'un.
Tempérance, ce qui va arriver prochainement.
Amoureux, grâce à des amis.
Papesse, c'est bien le consultant qui va faire cette rencontre.
Force, c'est écrit.

Vous constaterez que le tirage rejoint la coupe.

2 – Exemple sentimental

Vais-je faire une rencontre sentimentale ?

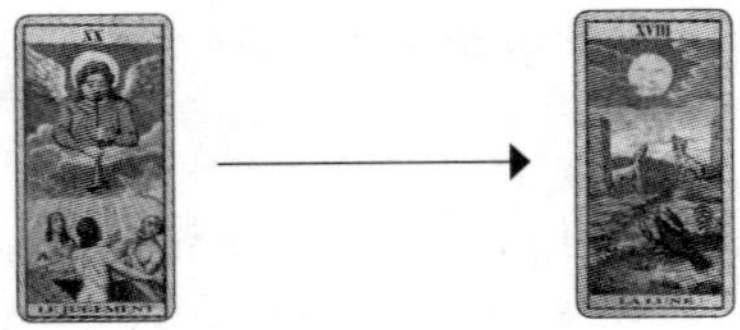

À la coupe, on obtient : Jugement, Lune ; cette rencontre est écrite, mais pas dans l'immédiat.

On continue le tirage :

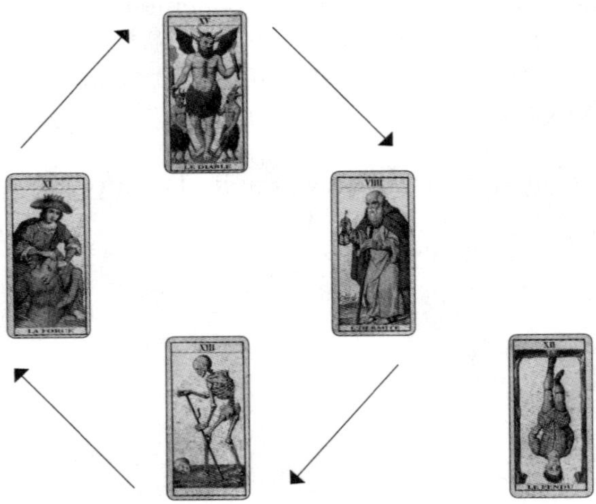

1re lame à gauche : Force (XI)
2e lame en haut : Diable (XV)
3e lame à droite : Hermite (VIIII)

4e lame en bas : Arcane sans nom (XIII)
5e lame, résultante des 4 lames, 48, 4 + 8 = 12 : Pendu (XII)

Conclusion

On a très envie de rencontrer quelqu'un. On attend des transformations dans son quotidien, mais cette nouvelle relation sera longue à mettre en place, la patience est de mise.

Explication

Force, on veut très fortement rencontrer quelqu'un.
Diable, on est célibataire depuis trop longtemps.
Hermite, pas dans l'immédiat.
Arcane sans nom, on veut transformer son quotidien.
Pendu, pour l'instant, cette question reste en suspens, il faudra la reposer dans quelques semaines. Ne pas insister sur cette question.

Vous pouvez constater que le tirage rejoint la coupe.

3 – EXEMPLE SENTIMENTAL

Vais-je faire une rencontre ?

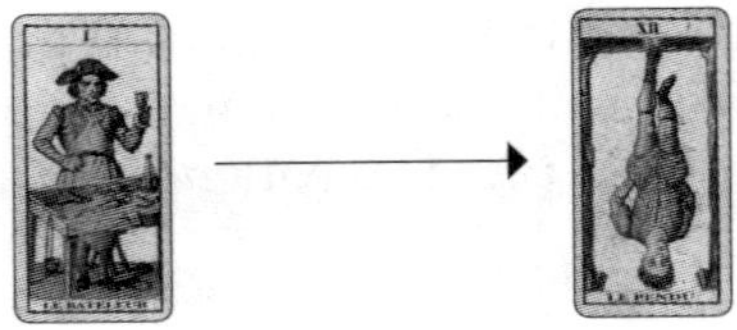

En coupe, on obtient : Bateleur, Pendu ; on voudrait bien faire une rencontre rapidement, mais c'est actuellement impossible.

On continue le tirage :

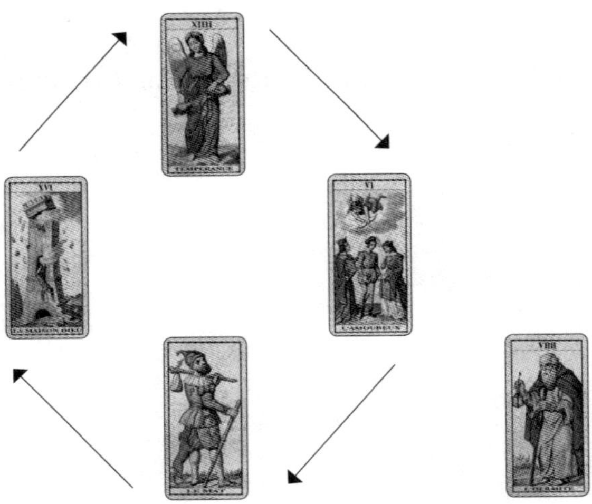

1re lame à gauche : Maison Dieu (XVI)
2e lame en haut : Tempérance (XIIII)
3e lame à droite : Amoureux (VI)

4e lame en bas : Mat (0)
5e lame, résultante des 4 lames, 36, 3 + 6 = 9 : Hermite (VIIII)

Conclusion

Actuellement, cela paraît difficile, il faut encore attendre. En effet, vous pourriez avoir le choix entre plusieurs personnes et au final rester seul(e).

Explication

Maison Dieu, difficulté.
Tempérance, il faut patienter pour l'instant.
Amoureux, choix parmi plusieurs personnes, difficulté à choisir.
Mat, on peut ainsi faire le mauvais choix.
Hermite, et par conséquent rester seul(e).

La coupe rejoint le tirage : pour l'instant ce n'est pas le moment.

4 – Exemple sentimental

Est-ce que ma relation actuelle va durer ?

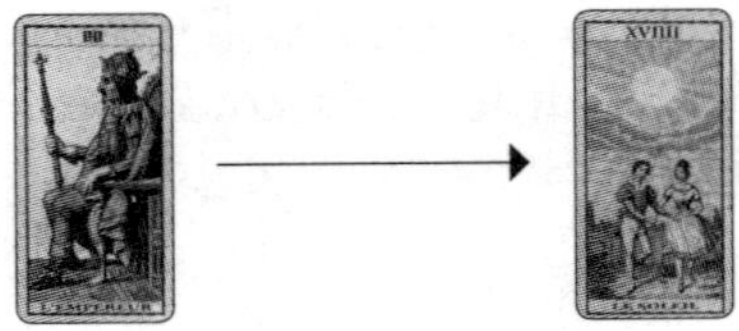

À la coupe, on obtient : Empereur, Soleil ; la réponse est affirmative, et cela devrait aller de mieux en mieux.

On continue le tirage :

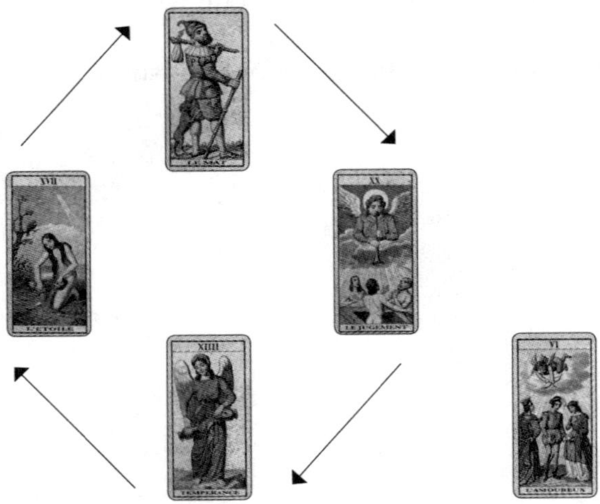

1re lame à gauche : Étoile (XVII)
2e lame en haut : Mat (0)
3e lame à droite : Jugement (XX)

4e lame en bas : Tempérance (XIIII)
5e lame, résultante des 4 lames, 51, 5 + 1 = 6 : Amoureux (VI)

Conclusion

Actuellement, ça va bien dans votre couple, et cela devrait d'ailleurs aller de mieux en mieux. Cette situation est très positive pour vous, c'est normal que l'on se pose parfois la question.

Explication

Étoile, cela va très bien actuellement.
Roue de Fortune, mais devrait changer.
Jugement, pour du beaucoup mieux.
Tempérance, dans le temps.
Amoureux, c'est normal que l'on se pose la question.

La conclusion rejoint la coupe.

5 – Exemple sentimental

Vais-je me marier ?

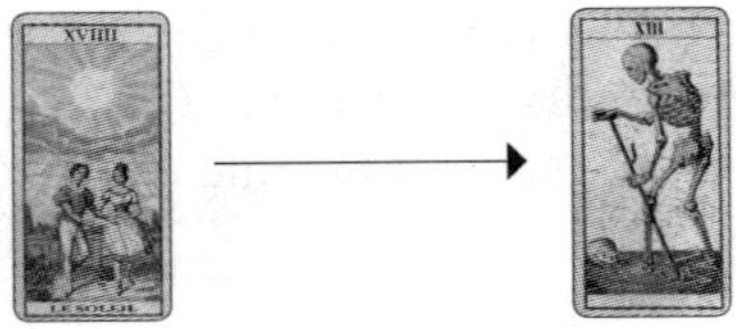

En coupe, on obtient : Soleil, Arcane sans nom ; on veut effectivement se marier, ce serait une très bonne chose pour la suite.

On continue le tirage :

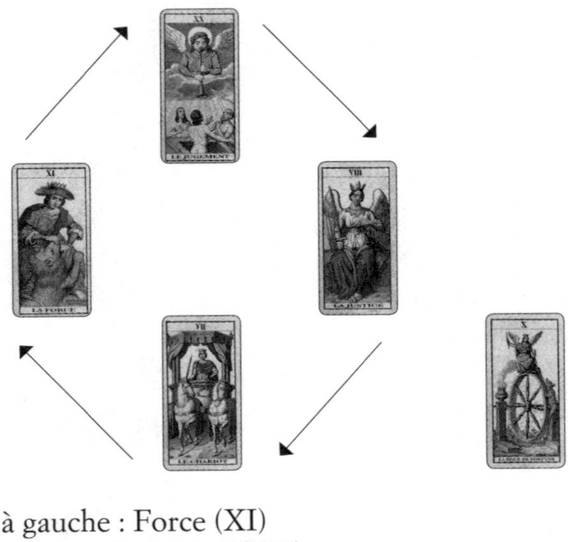

1re lame à gauche : Force (XI)
2e lame en haut : Jugement (XX)
3e lame à droite : Justice (VIII)

4e lame en bas : Chariot (VII)
5e lame, résultante des 4 lames, 46, 4 + 6 = 10 : Roue de Fortune (X)

Conclusion

Vous envisagez de vous marier avec votre ami(e). C'est une bonne chose car cette décision va entraîner des changements très agréables et vous apporter un nouvel équilibre.

Explication

Force, vous voulez vous marier, c'est une décision mûrement réfléchie.
Jugement, c'est écrit.
Justice, cela vous apportera un équilibre certain.
Chariot, et de la réussite dans le couple.
Roue de Fortune, changement positif de votre vie.

Vous pouvez constater que la coupe rejoint le tirage.

6 – Exemple sentimental

Vais-je épouser mon ami(e) ?

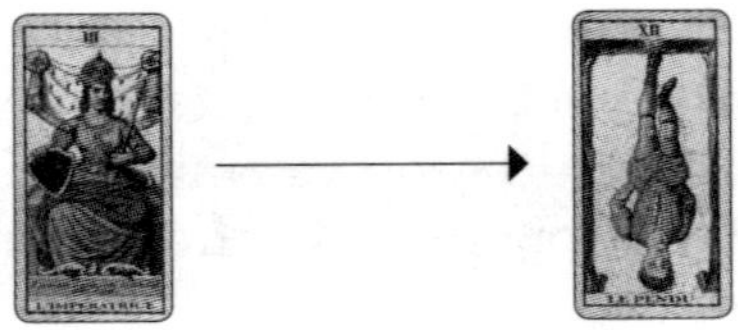

En coupe, on obtient : Impératrice, Pendu ; pour l'instant vous voulez du changement, et faire des projets d'union, mais tout est bloqué.

On continue le tirage :

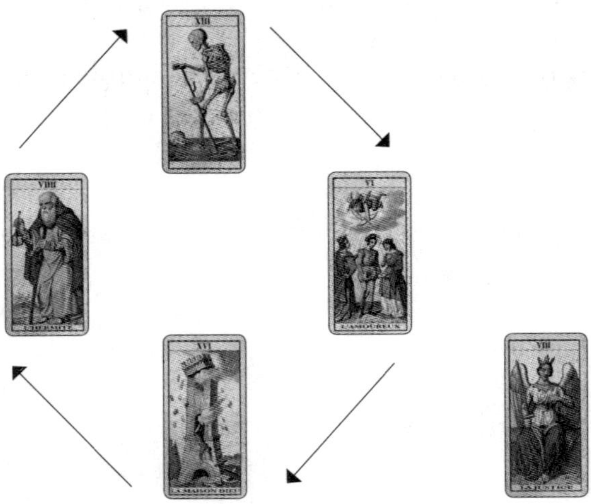

1re lame à gauche : Hermite (VIIII)
2e lame en haut : Arcane sans nom (XIII)
3e lame à droite : Amoureux (VI)

4e lame en bas : Maison Dieu (XVI)
5e lame, résultante des 4 lames, 44, 4 + 4 = 8 : Justice (VIII)

Conclusion

Vous vous sentez seul(e) et vous aimeriez que cela change, mais pour l'instant vous hésitez et avez peur qu'en prenant cette décision vous perdiez un équilibre que vous avez mis des années à installer.

Explication

Hermite, vous vous sentez seul(e).
Arcane sans nom, et désir de transformation.
Amoureux, vous hésitez.
Maison Dieu, et avez peur que cela dérange votre quotidien.
Justice, pour l'instant vous préférez votre équilibre et votre indépendance.

La coupe rejoint le tirage.

7 – Exemple sentimental

Vais-je vivre avec mon ami(e) ?

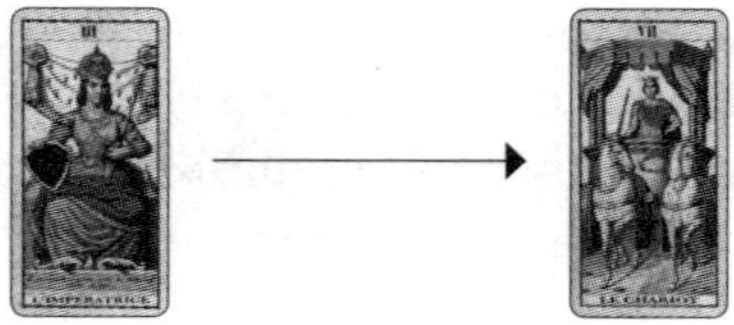

En coupe, on obtient : Impératrice, Chariot ; vous avez très envie de vous installer avec votre ami(e) ; cela devrait se produire très prochainement.

On continue le tirage :

1re lame à gauche : Diable (XV)
2e lame en haut : Force (XI)
3e lame à droite : Tempérance (XIIII)

4e lame en bas : Monde (XXI)
5e lame, résultante des 4 lames, 61, 6 + 1 = 7 : Chariot (VII)

Conclusion

Vous désirez très fortement vivre avec votre ami(e), mais vous vous laissez du temps pour prendre cette décision très importante. La réponse est oui, vous allez bien vivre avec votre ami(e). Cette nouvelle situation vous apportera beaucoup de satisfaction.

Explication

Diable, envie de s'installer.
Force, très fortement.
Tempérance, vous laissez le temps au temps.
Monde, beaucoup de satisfaction.
Chariot, réussite dans le ménage.

Vous constaterez que la coupe rejoint le tirage.

8 – Exemple sentimental

Vais-je vivre avec mon ami(e) ?

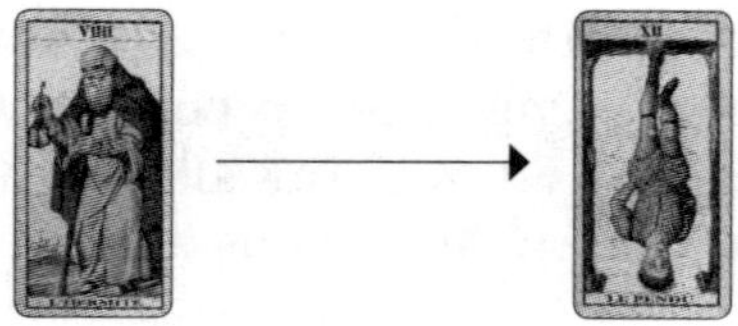

En coupe, on obtient : Hermite, Pendu ; irréalisable pour le moment.

On continue le tirage :

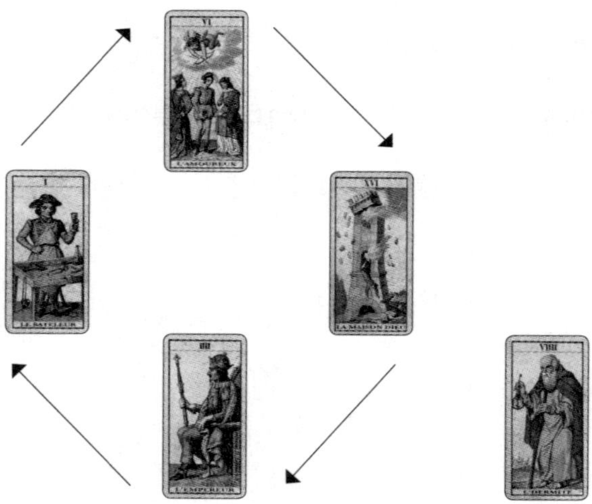

1re lame à gauche : Bateleur (I)
2e lame en haut : Amoureux (VI)
3e lame à droite : Maison Dieu (XVI)

4e lame en bas : Empereur (IIII)
5e lame, résultante des 4 lames, 27, 2 + 7 = 9 : Hermite (VIIII)

Conclusion

Pour l'instant, vous aimeriez que cela bouge, mais hésitez tellement, de peur de vous tromper, qu'au final vous rester seul(e).

Explication

Bateleur, vous voulez que cela change.
Amoureux, vous hésitez.
Maison Dieu, de peur de vous tromper.
Empereur, dans votre choix.
Hermite, finalement vous préférez votre solitude.

La coupe rejoint le tirage.

9 – Exemple sentimental

Vais-je divorcer ?

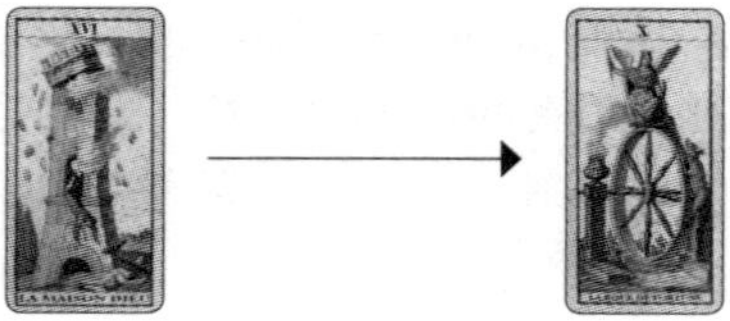

En coupe, on obtient : Maison Dieu, Roue de Fortune ; effectivement vous allez vers une transformation par rapport à votre couple.

On continue le tirage :

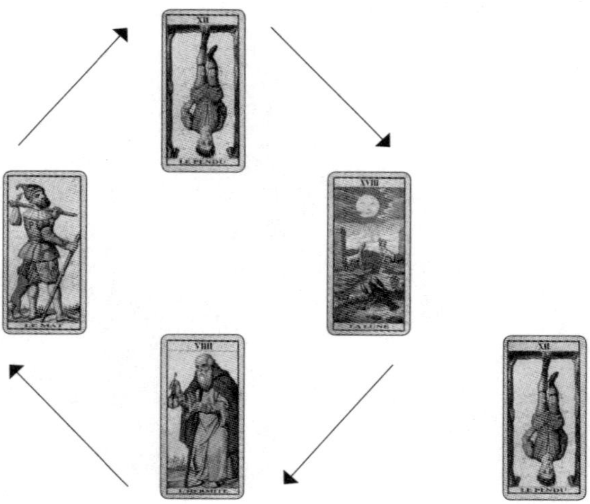

1re lame à gauche : Mat (0)
2e lame en haut : Pendu (XII)
3e lame à droite : Lune (XVIII)

4e lame en bas : Hermite (VIIII)
5e lame, résultante des 4 lames, 39, 3 + 9 = 12 : Pendu (XII)

Conclusion

Aujourd'hui, vous vous trouvez dans une impasse. Peu confiant(e) en l'avenir, vous hésitez quant à la décision à prendre. Vous vous sentez seul(e) et finalement choisissez la séparation.

Explication

Mat, on ne sait pas où l'on va.
Pendu, hésitant(e)…
Lune, quant à la décision à prendre par rapport à votre couple.
Hermite, Solitude, dépression.
Pendu, dans cette situation, la séparation reste la seule solution envisageable.

La coupe rejoint une fois de plus le tirage.

10 – Exemple sentimental

Dois-je divorcer ?

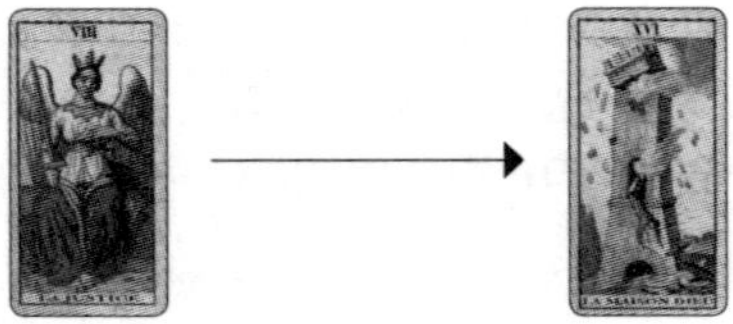

En coupe, on obtient : Justice, Maison Dieu ; votre décision est prise, vous divorcez, vos problèmes se régleront devant la justice.

On continue le tirage :

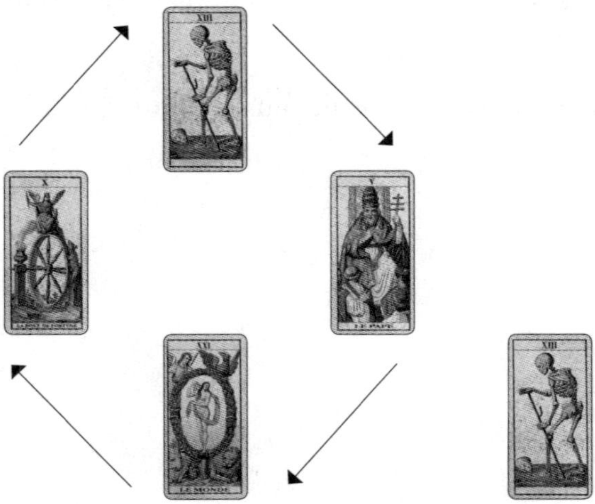

1re lame à gauche : Roue de Fortune (X)
2e lame en haut : Arcane sans nom (XIII)
3e lame à droite : Pape (V)

4e lame en bas : Monde (XXI)
5e lame, résultante des 4 lames, 49, 4 + 9 = 13 : Arcane sans nom (XIII)

Conclusion

Vous allez vers un changement de vie, une transformation pour un mieux. Cette séparation est salutaire.

Explication

Roue de Fortune, vous allez vers un changement.
Arcane sans nom, une transformation sur le plan psychologique.
Pape, pour un mieux.
Monde, surtout au sein de votre foyer.
Arcane sans nom, de toutes les façons la séparation est nécessaire.

Le tirage rejoint la coupe.

11 – Exemple sentimental

Vais-je devoir me séparer de mon ami(e) ?

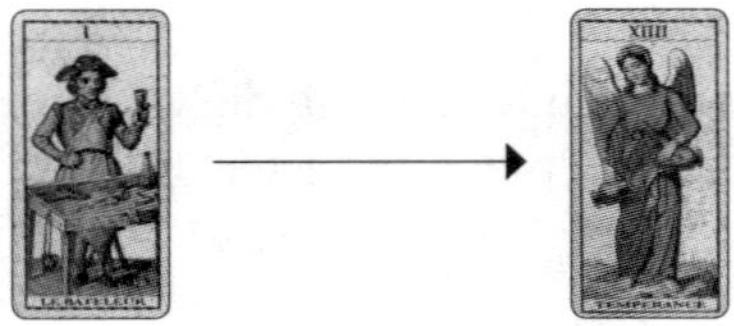

En coupe, on obtient : Bateleur, Tempérance ; il va y avoir un changement dans le temps.

On continue le tirage :

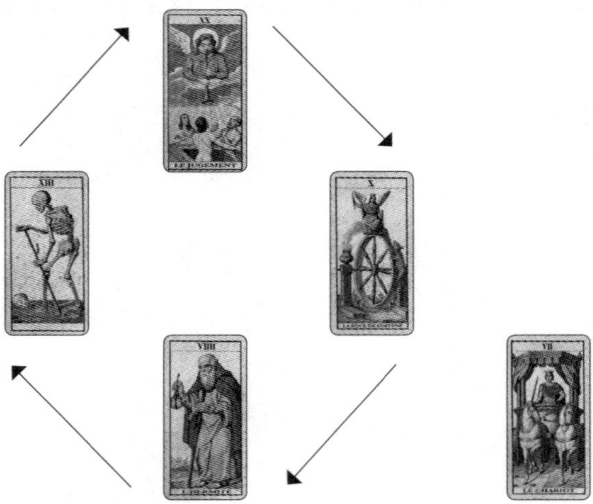

1re lame à gauche : Arcane sans nom (XIII)
2e lame en haut : Jugement (XX)
3e lame à droite : Roue de Fortune (X)

4e lame en bas : Hermite (VIIII)
5e lame, résultante des 4 lames, 52, 5 + 2 = 7 : Chariot (VII)

Conclusion

Il va y avoir une transformation, c'est pratiquement inévitable et vous vous retrouverez seul(e) pour le bien de tous.

Explication

Arcane sans nom, mutation.
Jugement, c'est écrit.
Roue de Fortune, changement imminent.
Hermite, vous vous retrouvez seul(e).
Chariot, pour une autre vie, un choix au final positif.

Vous constaterez une nouvelle fois que la coupe rejoint le tirage.

12 – Exemple sentimental

Vais-je devoir me séparer de mon ami(e) ?

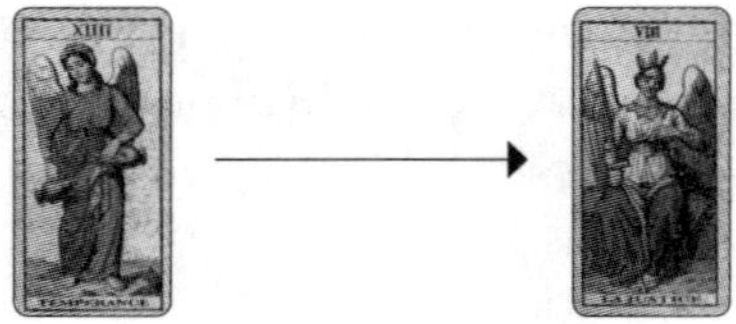

À la coupe, on obtient : Tempérance, Justice ; vous avez le temps avant de prendre cette décision, on peut espérer un retour à l'équilibre avec cette coupe.

On continue le tirage :

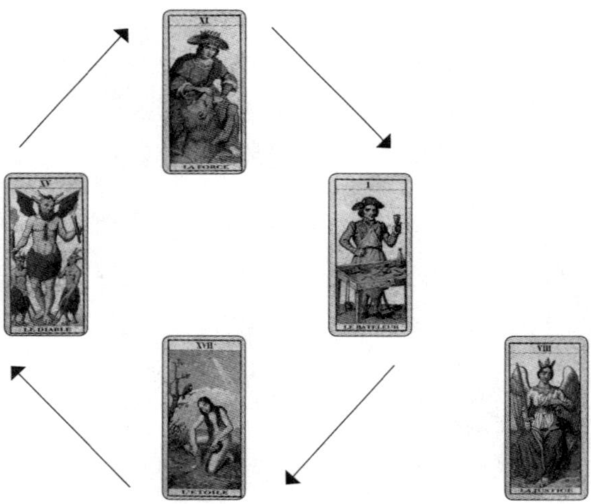

1re lame à gauche : Diable (XV)
2e lame en haut : Force (XI)
3e lame à droite : Bateleur (I)

4e lame en bas : Étoile (XVII)
5e lame, résultante des 4 lames, 44, 4 + 4 = 8 : Justice (VIII)

Conclusion

Pour l'instant, vous vivez un moment difficile, vous aimeriez que cette situation bouge pour l'améliorer. Cette crise passagère va permettre de retrouver l'équilibre dans votre couple.

Explication

Diable, vous vous posez des questions sur votre couple.
Force, c'est pourquoi vous souhaitez un mieux.
Bateleur, et ce rapidement.
Étoile, vous êtes exaucé.
Justice, vous retrouvez une situation équilibrée.

La coupe rejoint le tirage.

13 – Exemple sentimental

Est-ce que ma relation actuelle va durer ?

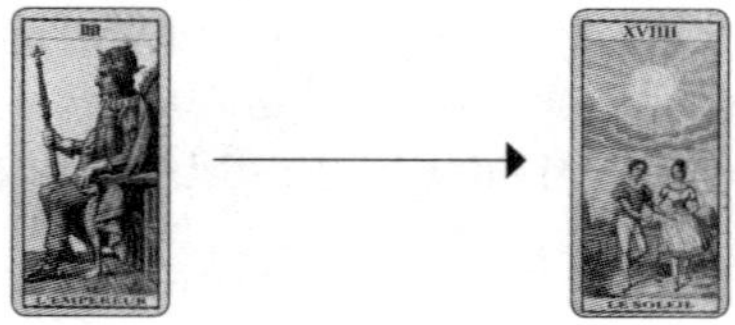

À la coupe, on obtient : Empereur, Soleil ; la réponse est affirmative, et cela devrait aller de mieux en mieux.

On continue le tirage :

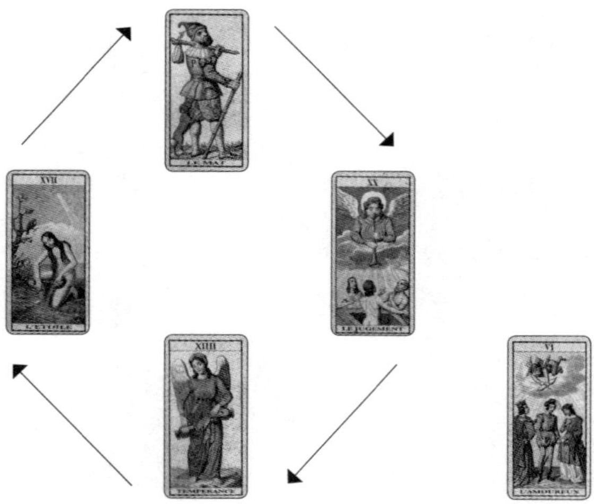

1re lame à gauche : Étoile (XVII)
2e lame en haut : Mat (0)
3e lame à droite : Jugement (XX)

4e lame en bas : Tempérance (XIIII)
5e lame, résultante des 4 lames, 51, 5 + 1 = 6 : Amoureux (VI)

Conclusion

Actuellement, vous coulez des jours heureux auprès de votre moitié et cela devrait d'ailleurs continuer, voire même aller de mieux en mieux. Cette situation vous convient parfaitement.

Explication

Étoile, cela va très bien.
Roue de Fortune, un changement.
Jugement, pour un beaucoup mieux.
Tempérance, dans le temps.
Amoureux, et cela devrait durer.

La conclusion du tirage rejoint la coupe.

14 – Exemple sentimental

Est-ce que mon couple va durer ?

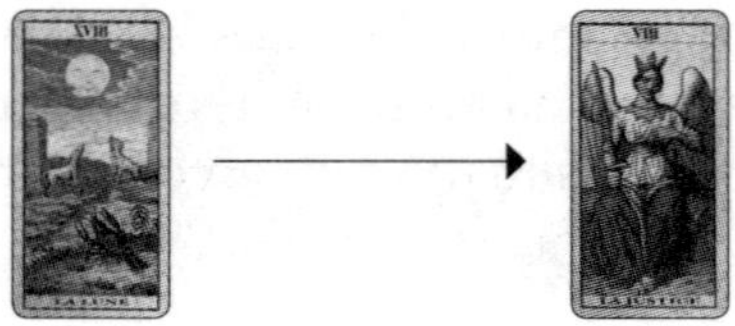

À la coupe, on obtient : Lune, Justice ; parfois on éprouve un doute.

On continue le tirage :

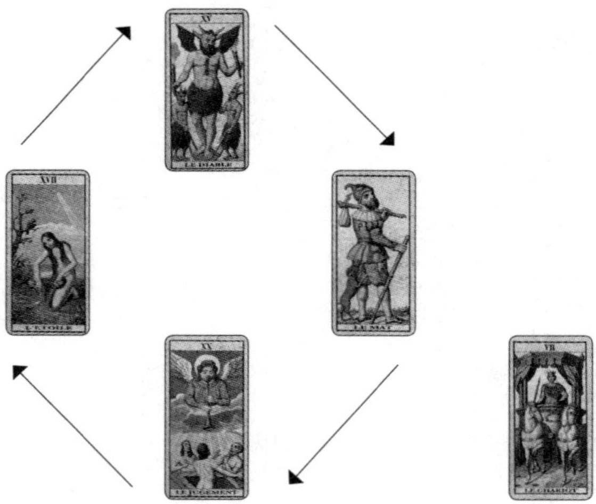

1re lame à gauche : Étoile (XVII)
2e lame en haut : Diable (XV)
3e lame à droite : Mat (0)
4e lame en bas : Jugement (XX)
5e lame, résultante des 4 lames, 52, 5 + 2 = 7 : Chariot (VII)

Conclusion

Stabilité de votre couple, mais des incertitudes subsistent. C'est pourquoi vous vous demandez s'il va s'inscrire dans la durée. Vous souhaiteriez une évolution dans cette relation, quelques changements pour un mieux.

Explication

Étoile, on se sent bien dans cette relation.
Diable, on se pose parfois des questions.
Mat, on se demande où l'on va.
Jugement, évolution de la relation.
Chariot, pour un mieux.

La coupe rejoint le tirage.

15 – Exemple sentimental

Est-ce que ma relation va durer ?

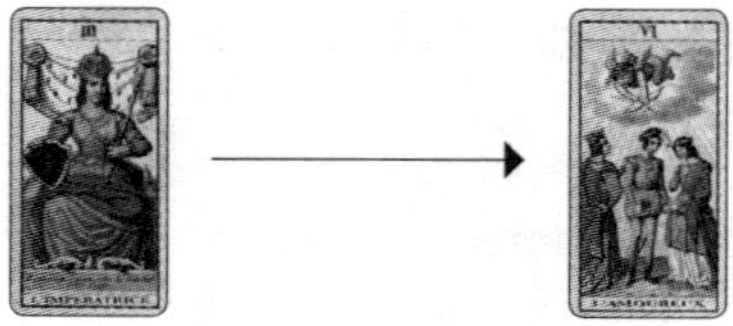

À la coupe, on obtient : Impératrice, Amoureux ; on voudrait que cela bouge, se transforme.

On continue le tirage :

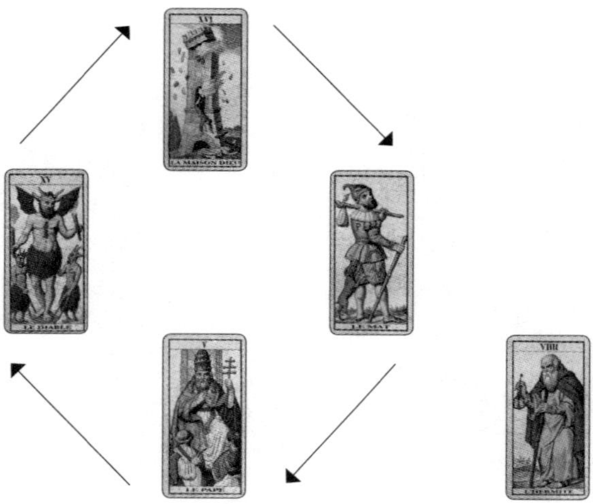

1re lame à gauche : Diable (XV)
2e lame en haut : Maison Dieu (XVI)
3e lame à droite : Mat (0)

4e lame en bas : Pape (V)
5e lame, résultante des 4 lames, 36, 3 + 6 = 9 : Hermite (VIIII)

Conclusion

Cette relation ne vous satisfait pas. Vous vous sentez seul(e) malgré la présence de votre conjoint(e). Vous voudriez des changements afin d'améliorer cette situation, mais cela pourrait prendre du temps.

Explication

Diable, vous ne vous sentez pas bien dans votre couple.
Maison Dieu, pas bien du tout.
Mat, la relation stagne.
Pape, pourtant on désire que cela change.
Hermite, avec du temps.

La coupe rejoint une nouvelle fois le tirage.

Question concernant le divorce : réponses pour la 5e lame résultante

I *Bateleur : j'attends une nouvelle.*
II *Papesse : réflexion.*
III *Impératrice : on a envie que cela bouge.*
IV *Empereur : le conjoint peut amorcer la séparation.*
V *Pape : on réfléchit.*
VI *Amoureux : hésitation.*
VII *Chariot : le plus rapidement possible, mais au mieux.*
VIII *Justice : on entame une action en justice.*
VIIII *Hermite : cela prend du temps.*
X *Roue de Fortune : décision rapide.*
XI *Force : renforce la question.*
XII *Pendu : on se trouve dans une situation bloquée.*
XIII *Arcane sans nom : oui, on divorce.*
XIIII *Tempérance : changement pour bientôt.*
XV *Diable : complication dans la séparation.*
XVI *Maison Dieu : on arrête la vie commune.*
XVII *Étoile : cela peut encore s'arranger.*
XVIII *Lune : on se pose beaucoup de question.*
XVIIII *Soleil : réconciliation.*
XX *Jugement : cela va se dénouer au mieux.*
XXI *Monde : non, on ne divorce pas.*
0 *Mat : on a envie de changement dans le couple.*

Le temps donné par le tarot de Marseille

À présent, nous allons parler du temps dans les tirages.

C'est la lame du Bateleur qui marque le temps. Lorsque nous posons une question concernant le temps, très souvent, la lame du Bateleur apparaît comme l'élément principal et détonateur pour nous indiquer un temps donné, dans les mois à venir.

Exemple : je projette de partir en vacances dans les mois prochains. La question est :

Dans combien de mois vais-je partir ?

On fait le tirage à 4 lames en se concentrant sur la question, et on recouvre toutes les lames jusqu'à l'apparition de celle du Bateleur qui, elle, indiquera le temps. Un mois, deux mois, trois mois, etc.

On peut aller jusqu'à cinq ou six mois de prévision, si la lame du Bateleur apparaît à la conclusion, ce n'est pas le moment de partir. Il faudra reposer la question plus tard.

Toutefois, si la lame du Bateleur apparaît dans la coupe, cela voudrait dire, que le départ est très proche, dans les jours à venir.

C'est à vous de bien formuler votre question en temps. C'est-à-dire : dans combien de *jours*, de *mois*, d'*années* – ainsi vous obtiendrez la réponse, grâce à la lame du Bateleur.

Exemple pratique : Dans combien de mois vais-je partir en vacances ?

2e tour de lames,
donc deux mois.

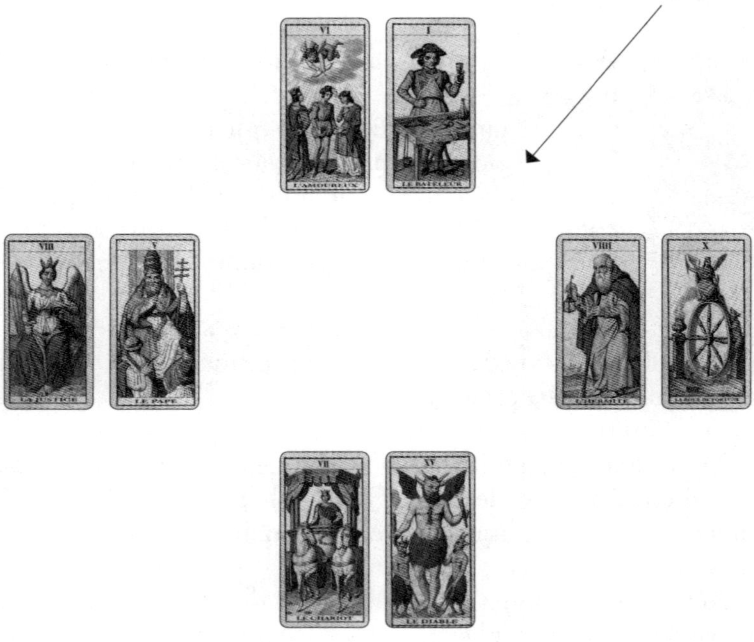

N.B. : Ne pas interpréter le tarot. Attendre le Bateleur qui répondra à votre question.

Autre exemple pratique : Dans combien de jours vais-je obtenir les résultats de mon examen ?

On fait un tirage à 4 lames, et on attend l'apparition du Bateleur, pour obtenir la réponse et le nombre de jours.

3e tour de lames donc trois jours

Dans ce cas-là, c'est dans trois jours que l'on aura la réponse à sa question.

N.B. : Ne jamais interpréter les Lames lorsque l'on demande un temps donné, il faut surtout attendre le Bateleur qui donnera la seule réponse à votre question.

Explication de lames difficiles dans le tarot de Marseille

Le Bateleur : lame I

Un homme derrière son établi tient dans sa main gauche une coupe, vecteur d'information entre le ciel et la terre. Par ailleurs, son regard semble à l'affût, comme attiré par autre chose. Le Bateleur représente la communication avant tout. L'information peut être transmise de multiples façons (téléphone, fax, lettre, etc.).

Habillé de vert et de rouge, c'est cette dernière couleur qui prédomine – synonyme d'énergie et d'action. Le chapeau en forme de huit renversé, quant à lui, représente l'infini, la spiritualité, la volonté, la créativité. Bien d'aplomb sur ses pieds, il tient un denier dans sa main droite. Il sait ce qu'il veut, est tenace dans tout ce qu'il entreprend, ce qui lui garantit une certaine réussite matérielle.

Vous l'aurez compris, le Bateleur représente la nouvelle que l'on reçoit ou que l'on attend, le renouveau, le début d'une histoire, le démarrage d'une entreprise.

Dans un tirage, le Bateleur recouvert par une autre lame du tarot (lors du 2e tour du tirage) donne toujours le ton, une réponse prématurée à la question posée. Pour exemple, proche de la Maison Dieu, on va vers une mauvaise nouvelle ; par contre, proche du Soleil, c'est le contraire. Assorti à la Lune, on peut apprendre une naissance.

À vous de bien cibler vos questions.

Exemple : Vais-je avoir des nouvelles de mon frère ?

Si vous avez Empereur, Tempérance, Bateleur, Impératrice : oui, vous allez avoir de ses nouvelles dans peu de temps par écrit.

Empereur (frère), Tempérance (peu de temps), Bateleur (nouvelle), Impératrice (écrit).

Après avoir bien intégré tout le jeu des 22 lames, il vous sera possible d'associer facilement et naturellement la lame du Bateleur.

Express

Nouvelle, début de quelque chose, rencontre amoureuse, appel téléphonique, nouvelle par écrit, par mail, par portable, tous les moyens de communication d'aujourd'hui.

Le Pendu : lame XII

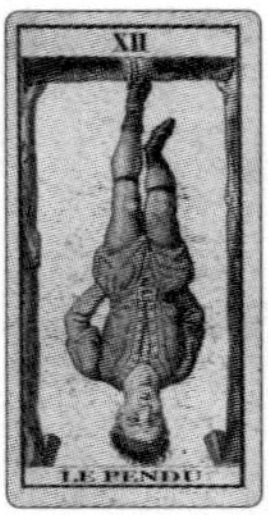

Le Pendu est représenté par un homme attaché tête en bas, les mains liées dans le dos. Il est courant que, lors d'un tirage, cette lame mette le consultant mal à l'aise, souvent à juste à titre. En effet, nous nous trouvons dans une situation de blocage, d'attente. Cette lame a bien son importance dans le jeu puisque, grâce à elle, nous pouvons donner des informations sur un avenir proche.

Exemples

– Vais-je bientôt obtenir mon prêt bancaire ?

Si vous tirez le Diable, qui représente l'argent, et le Pendu à côté, eh bien, votre demande va être bloquée, il faudra reposer la question plus tard.

– Une autre question : Vais-je obtenir la promotion attendue rapidement ?

Accompagné de l'Impératrice, qui représente les papiers, et de la Tempérance, signifiant le temps (jusqu'à trois mois), le Pendu marque le blocage.

La promotion est présente, mais retardée. Dans ce cas-ci, le Pendu ne fait que retarder la promotion, mais ne l'exclut pas.

En tout état de cause, la question évoluera à un moment donné, il est rare que le blocage dure très longtemps.

En retournant la lame, vous constaterez plus aisément que le visage de l'homme est serein ; il paraît même détendu. Peut-être sait-il qu'il ne lui reste qu'à attendre des jours meilleurs.

Le Pendu est associé au signe astrologique des Poissons, signe sensible et émotif, doté d'une forte imagination. Neptunien, il est à l'aise dans des situations floues et compliquées. Ce n'est d'ailleurs pas pour rien que la 12e Maison du zodiaque (Poissons) est généralement surnommée la « Maison des épreuves ».

Express

Situation bloquée, immobilisation, aveuglement pour une situation donnée, évasion par le psychisme, attente ; dans tous les cas de figure, reposer la question un autre jour.

L'Arcane sans nom : lame XIII

L'Arcane sans nom est représenté par un squelette tenant une faux devant un parterre sanguinolent où sont éparpillés diverses têtes, mains et pieds. À première vue, cette lame n'est pas engageante. Il est d'ailleurs courant que les gens l'enlèvent du jeu, ce qui est fortement déconseillé dans la mesure où, malgré une apparence désagréable, cette lame a son importance, et que, sans elle, le tarot de Marseille n'a plus lieu d'être.

En effet, cette lame représente la fin d'un cycle et le début d'un autre. Pour avancer dans la vie, il est parfois nécessaire de changer quelque chose, d'évoluer pour passer à autre chose. Il peut s'agir par exemple de modifier sa façon de penser afin de vivre autrement.

À certaines périodes de notre existence, on se tourne naturellement vers le passé pour comprendre où nous en sommes, ce que l'on doit faire aujourd'hui pour être mieux demain. Ainsi, le squelette représente la mort, la fin de quelque chose, mais très rarement la mort physique.

On pourrait dire de cette lame qu'elle évoque avant tout la transformation par rapport à des événements passés, présents, futurs.

Exemples

– On me propose un autre poste, vais-je être à la hauteur ?

Imaginons que vous tiriez l'Impératrice proche de la Justice, l'Arcane sans nom, le Soleil : sans aucun doute, le nouveau poste vous apporte une transformation professionnelle évolutive et vous avez toutes les qualités pour y arriver.

– Même question : autre tirage. Justice, Impératrice, Tempérance, Arcane sans nom, Maison Dieu : votre contrat va se transformer dans peu de temps, mais vous n'avez pas les compétences requises.

Dans les deux cas de figure, l'Arcane sans nom vous donne une idée de l'avenir proche et comment vous allez l'aborder.

Express

Transformation positive ou négative, libération, fin d'un cycle, début d'un autre.

Le Diable : lame XV

Cette lame est avant tout une lame matérielle, et elle représente beaucoup de choses, d'où la difficulté d'interprétation.
En observant cette lame, on découvre un Diable sur un socle ; proches de lui, deux diablotins tirent sur une corde pour le soulever. Cette situation nous amène à penser qu'il y a une forme de manipulation et/ou de soumission psychique et physique.

Le Diable est associé au signe zodiacal du Scorpion. L'esprit est affûté, cherchant toujours à connaître le pourquoi du comment. On trouve souvent les Scorpions dans les métiers tels que policier, détective, banquier, chirurgien – des personnes aimant fouiller, trouver une solution à un problème. Le Diable apparaît lorsqu'il est question d'argent, de transactions, mais également dans les rapports amoureux. En effet, la passion est une des facettes présentes dans cette lame, tout comme les questions ayant trait à la santé.

Pour récapituler, le Diable apparaît pour toutes les questions concernant l'amour, l'argent, la santé, mais également la justice. Cette une lame très complexe, elle répond à beaucoup d'interrogations sur de nombreux sujets. Il est donc important de bien cibler votre question. Plus elle est limpide, plus le résultat est clair.

Exemples

– Vais-je vendre ma maison ?

Si le Diable sort dans votre jeu, proche du Bateleur, Soleil : oui, la vente est bien présente, il y a transaction.

– Vais-je avoir des nouvelles de mon ami(e) ?

Bateleur, Tempérance, Diable, Monde : oui, cela ne saurait tarder, le plan affectif est présent.

– Vais-je gagner mon procès ?

Diable, Pendu, Arcane sans nom : non, pas pour le moment, l'affaire est renvoyée à plus tard.

– Je me sens fatiguée, dois-je consulter ?

Diable, Tempérance, Pendu : c'est le moment, vous êtes fatiguée depuis un certain temps.

Express

Amour, passion, désir, argent, finances, transactions, santé, justice.

La Maison Dieu : lame XVI

Sur le plan de l'interprétation, cette image dit bien ce qu'elle veut dire : on est dans le catastrophique. Les éléments semblent se déchaîner sur les deux hommes représentés sur la lame. La Maison Dieu détruit tout sur son chemin, mais entraîne également à une réflexion et le plus souvent aide à rebondir. Elle peut permettre de reconstruire quelque chose qui justement a été détruit. On peut imaginer, par exemple, un jeune chef d'entreprise dans l'obligation de déposer le bilan mais qui tirera les enseignements de ses erreurs passées lorsqu'il en redémarrera une autre.

Il est donc important de ne pas rester sur cette impression de catastrophe inextricable lors d'un tirage. Soit vous approfondissez votre question, soit vous la reposez plus tard, mais il est parfois bon de ne pas insister.

Exemples

– Vais-je avoir une augmentation ?

Papesse, Bateleur, Diable, Maison Dieu : ce n'est pas la peine de compter dessus.

– Est-ce que mon ami Thierry est amoureux de moi ?
Diable, Pendu, Maison Dieu : c'est clair, c'est non.

On peut dire que c'est la lame la plus gênante du tarot de Marseille. Par contre, elle est claire dans sa signification, on ne tergiverse pas avec elle.

Express
Catastrophe, mauvaise nouvelle, accident, chute lors d'une situation donnée.

Le Jugement : lame XX

Là encore, nous avons affaire à une lame spirituelle, la Justice divine, celle qui vient du ciel. L'Étoile et le Jugement sont les deux lames spirituelles du tarot de Marseille.
Sur la lame du Jugement, trois personnes nues, assises autour d'une table, prient tout en discutant. Au-dessus d'elles, un ange tente de souffler la réponse attendue et espérée en bas.

Il nous arrive parfois de ne pas tout comprendre dans la vie, notamment lorsqu'on doit faire face à des situations imprévues ou lorsqu'on est dans l'attente de quelque chose qui n'arrive pas.

Il existe, dans le tarot de Marseille, la Justice (lame VIII) : c'est la justice des hommes, qui est liée à tous les métiers de loi tels que avocats, juges, huissiers… La lame du Jugement (lame XX) représente la justice divine : une chose à laquelle on ne s'attend pas et pour laquelle nous n'avons pas été correctement jugés ici-bas. Elle peut nous tomber dessus à n'importe quel moment, dans un sens positif comme dans l'autre. En effet, la justice divine n'est pas toujours agréable car elle rétablit la vérité.

Dans le cas d'un procès, par exemple, il arrive souvent que le verdict ne soit pas rendu dans le bon sens. Dans ce cas-là, on se dit que tout est terminé. Cependant, il arrive aussi qu'au dernier moment il y ait un changement, une rectification que l'on n'avait pas prévus. Voilà où apparaît le jugement divin. Bien que les avocats et juges fassent au mieux, parfois, un grain de sable, quelque chose d'incompréhensible peut surgir sans crier gare et remettre tout en question. On parle dans ces cas-là de Loi divine ; d'autres l'appelleront le hasard.

Il arrive aussi que cette justice divine ne soit pas immédiate, et se produise des années après les faits. Encore une fois au moment où on s'y attend le moins. C'est pourquoi on l'appelle la loi divine.

Express

Lame de protection, de châtiments mérités ou justice divine.

L'Étoile : lame XVII

C'est la lame spirituelle dans toute sa splendeur, le cadeau du ciel. Elle annihile toutes les lames néfastes autour d'elle. C'est une lame de protection divine et un guide au quotidien. Elle indique aussi qu'une personne chère, décédée, veille sur nous et nous le fait savoir. Lame de consolation après un décès, elle réchauffe le cœur et nous montre le chemin à suivre.

Lorsqu'on regarde attentivement la lame, une femme nue dans le désert, près d'une oasis, tient dans ses mains deux pots qui représentent l'équilibre. La voûte étoilée signifie la plénitude par rapport aux pensées, aux actes : on se pose moins de questions. Les événements s'installent naturellement et librement.

Suite à un tirage difficile, l'Étoile permet de transformer la situation et d'indiquer qu'il y a une solution au problème ; il faut juste rester confiant pour l'avenir. L'arcane permet de retrouver la paix après moult difficultés.

Pour récapituler, c'est une lame divine, elle réchauffe, console les cœurs et donne la direction à suivre. Même dans des cas difficiles, il y a toujours l'espoir d'avoir un mieux et une solution au problème, il suffit de rester patient et d'écouter notre voix intérieure.

EXPRESS

Cadeau du ciel, lame de réconfort, lien avec une personne chère dans l'au-delà.

La Lune : lame XVIII

C'est une lame très complexe de par sa multitude de significations, d'où un problème d'interprétation. Lorsqu'on observe l'arcane avec attention, on remarque que le reflet de la lune dans l'eau n'en n'est pas un, mais celui d'un crabe. En effet, en astrologie, la lune est associée au signe du Cancer. Symboliquement, elle représente le passé, l'imagination.

La Lune est aussi liée à la féminité et à tout ce qui s'y rapporte, la fécondité, la grossesse (surtout si elle est précédée du Bateleur) ; elle représente l'enfance.

Synonyme de gestation, il peut donc s'agir d'une situation qui grandit en silence. La Lune fait donc également germer le doute, les idées sombres (peurs, angoisses…).

Tirer cette lame à répétition peut dénoncer une certaine fragilité mentale, une dépression sous-jacente, surtout si la Lune se trouve en deuxième position dans un tirage express.

Il est à noter que, dans une situation donnée, elle peut représenter le soir, la nuit – moment de la journée en général où l'imagination est la plus fertile. En effet, cette lame est souvent associée à la création.

Sur le plan sentimental, elle est aussi synonyme de troubles dans les relations, de non-dits.

Ce sont malgré tout des situations qui ne durent pas, la Lune étant l'astre au cours le plus rapide. À chaque quartier correspond un changement, une modification, et c'est la femme qui y est le plus sensible.

EXPRESS

La femme, l'épouse, la mère, celle qui nourrit, la nuit, la vie conjugale, la nourriture, les mirages, l'imagination, la popularité, ce qui reflète, la fécondité.

La Tempérance : lame XIIII

Lorsqu'on regarde la Tempérance, on s'aperçoit avant tout que cette lame inspire l'apaisement, sans doute à cause des ailes d'ange que porte la femme. La sérénité se lit sur son visage. L'harmonie et l'énergie sont symbolisées par la transmission de l'eau d'un pot à un autre. Cela représente le cheminement des choses, les événements de la vie.

Lors d'un tirage, selon la question posée, la Tempérance pourra correspondre par exemple à :

– la circulation de l'eau,

– la circulation sanguine (rapport à la santé),

– la circulation d'argent (transaction financière ou boursière),

– la circulation routière, ferroviaire, aérienne ou maritime (voyage, déplacement).

Cet arcane est associé au signe du Verseau et/ou de la Vierge. Le Verseau est le signe de l'amitié avant tout, de l'indépendance d'action et de l'originalité. Il est attiré par tous les sujets d'avant-garde, les technologies nouvelles (Internet, radio, ordinateur, MP3, cd-rom, lecteur DVD, etc.). Il a une vision globale des choses, ce qui lui permet de toujours avoir un temps d'avance. La Vierge est plutôt de nature réservée et un peu compliquée. Son domaine de prédilection est l'analyse.

Il y a une fuite d'énergie importante toujours dans les Maisons VI et XII lorsque vous avez en face le Mat (maison de santé) dans le tirage astrologique.

Cette lame représente aussi un mouvement dans le temps dont le délai pourrait être de un à trois mois, jamais plus.

Express

Représente le temps (de un à trois mois), circulation en général (finance, routière, sanguine), mouvement.

L'Amoureux : lame VI

L'Amoureux est une lame très difficile car elle peut signifier beaucoup de choses. Lorsqu'on l'observe attentivement, on remarque un jeune homme en discussion avec deux femmes. Il paraît perplexe, elles le rassurent. Il attend une solution à son problème, elles le poussent à faire un choix. Au-dessus d'eux, on trouve un chérubin nanti d'une flèche qui semble ne pas trop savoir où l'envoyer, comme s'il hésitait.

Cela peut donc signifier, lors d'un tirage, que le consultant a un choix à faire. C'est le carrefour des idées, des réalisations, mais aussi du doute et de l'attente.

Cette lame, rattachée au signe zodiacal des Gémeaux, évoque également la jeunesse, l'enfance, l'adolescence, l'effervescence, le mouvement. Sur une question plus précise, elle peut être associée au printemps, au début de l'été.

Enfin, l'Amoureux est un arcane qui peut annoncer une relation sentimentale. Accompagné du Diable, l'histoire devient passionnelle.

L'Amoureux en 5e lame résultante ne permet pas de répondre à la question posée. Dans ce cas, n'hésitez pas à refaire un tirage quelques jours plus tard.

EXPRESS

Jeunesse, vitalité, nouveauté, doute.

Tirage avec 2 lames

Cela ressemble un peu à la coupe : prenez en main votre jeu des 22 lames majeures, puis battez mais ne coupez pas. Installez sur la table vos 22 lames en éventail et posez votre question.

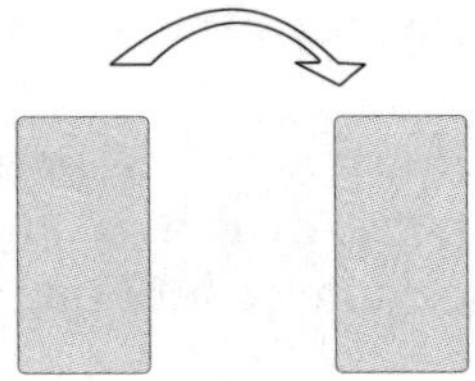

Vous tirez deux lames, une à gauche qui représente la question posée le jour même, la seconde la réponse.

C'est un tirage très simple, où aucune interprétation n'intervient.

Il faut juste lire la signification de la seconde lame qui donne la réponse.

Tirage avec seulement 3 lames majeures

Sortez du jeu de tarot le Mat, la Papesse, le Bateleur. Dans ce tirage, ces lames signifient :

– le Mat : le non, la négation en toute chose, faiblesse, erreur ;

– la Papesse : le oui, la réponse est positive ;

– le Bateleur : ce n'est ni oui ni non ; il faut seulement modifier votre projet, cela ne se fera que s'il y a changement.

Exemples

Vous pensez à votre question, vous étalez les 3 lames devant vous, après les avoir changées plusieurs fois de place sur la table, face image.

Vais-je partir en voyage ?

Vous tirez le Mat : c'est non.

Vous tirez la Papesse : c'est oui.

Vous tirez le Bateleur : oui, si vous changez de destination ou autre changement.

Dans cet exemple, oui, vous partez, à condition de quelques changements concernant votre voyage.

C'est un tirage très simple, mais subjectif. Si vous voulez en savoir davantage, reprenez votre jeu entier et faites un tirage express.

Le jeu des 10 lames

Ce tirage est une autre façon de voir les choses, l'avenir, tout aussi bien que les 4 lames, puisqu'il s'agit de la jonction de 2 lames dans des domaines particuliers de notre existence, mais en plus détaillé.

Ce tirage s'effectue avec les 22 lames majeures. Après avoir battu et coupé le jeu de 22 lames, nous l'étalons devant nous et choisissons 10 lames de cette façon.

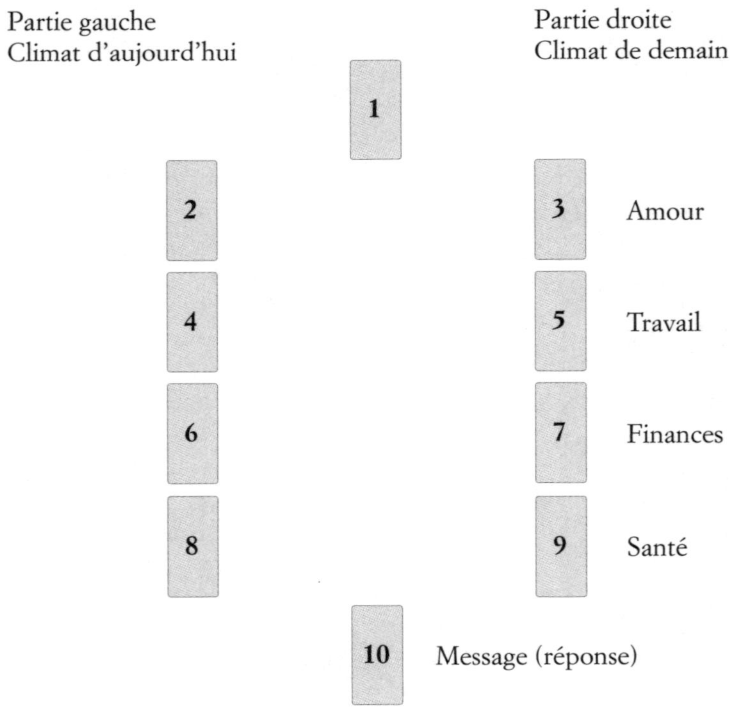

Explication

La première lame représente le consultant, à analyser seule en se reportant aux flashes du tarot. C'est la lame la plus importante du tirage, il est donc recommandé de prendre son temps pour la choisir.

Le dernier arcane (10e) est un «message» donné pour la période déterminée du tirage (cf. page 213).

Les lames 2 et 3 ont une relation étroite avec les sentiments, l'amitié, l'amour, les grandes joies, la vie affective, le bonheur.

Les lames 4 et 5 représentent l'activité en général – le travail, les affaires, les entreprises diverses, les initiatives.

Les lames 6 et 7 se rapportent plus particulièrement au côté matériel de la vie et par conséquent aux finances : gains, transactions, intérêts, emprunts.

Les lames 8 et 9 se rapportent à l'état général de santé.

Lorsque les lames sont par deux, elles s'interprètent ensemble dans un premier temps. Les premières (côté gauche) représentent le consultant à l'instant où il fait le tirage. Les secondes (côté droit) évoquent le futur par rapport au sujet et elles peuvent être recouvertes si nécessaire pour approfondir.

Les lames du (de la) consultant(e) et du message ne peuvent être recouvertes.

Exemple sur 1 mois

On prend le jeu en main, on le bat, on coupe.

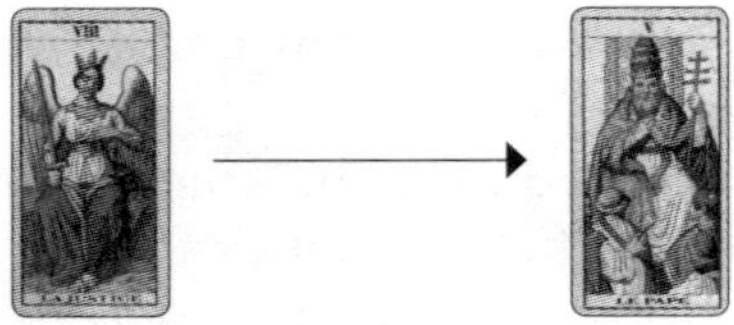

Climat stable par la coupe, on continue le tirage en reprenant tout le jeu en main.

Aujourd'hui Demain

Explication

• Coupe : Impératrice, Pape.

Vous êtes représenté par l'Impératrice, une femme d'action qui maîtrise bien sa vie en ce moment par le Pape à ses côtés ; ce tirage reflète le climat sur 1 mois.

• Jeu des 10 lames :

1re lame : Jugement, c'est la lame du consultant ; vous vous sentez bien dans votre vie, tout vous sourit.

2e lame : Monde, aujourd'hui tout va bien sur le plan sentimental.

3e lame : Maison Dieu, moins bien demain (à creuser par une autre lame).

4e lame : Soleil, au niveau du travail, tout va bien.

5e lame : Hermite, cela s'installe dans le temps.

6e lame : Diable, l'argent est présent aujourd'hui.

7e lame : et se renforce dans le futur – pour être sûr que cela soit positif, creuser la lame.

8e lame : Tempérance, la santé est bonne.

9e lame : mais à prévoir quelques coups de fatigue dans le futur.

10e lame : lame du message, l'Amoureux – vous allez encore faire une multitude de choses. Vous pouvez aussi recouvrir cette dernière lame, afin de voir si tout ceci est positif.

Comme vous le constatez, vous ne pouvez recouvrir ni la lame du consultant ni celles d'aujourd'hui. Par contre, lorsqu'une lame de demain vous dérange ou qu'elle ne vous donne pas assez d'informations, vous pouvez la recouvrir, une fois, deux fois si vous le désirez.

La lame du message est rarement recouverte, sauf si la réponse est ambiguë ou pas bonne du tout. La Maison Dieu par exemple.

On continue de développer ce jeu afin d'y apporter de plus amples explications.

Aujourd'hui Demain

On continue l'explication en recouvrant les lames.

La première lame qui représente le ou la consultant(e) n'est jamais recouverte.

On recouvre le 3e arcane pour son futur, la Maison Dieu est associée en premier lieu à la Roue de Fortune puis l'Étoile, ce qui signifie que notre plan affectif aujourd'hui est bon (le

Monde), que demain il sera moins serein mais qu'il connaîtra un changement favorable dans le courant du mois.

La 5e lame n'a pas besoin d'être recouverte.

La 7e lame est accompagnée par le Chariot, confirmant qu'il n'existe pas de problème sur le plan financier.

La 9e lame est recouverte par l'Empereur. Certes, on se sent fatigué, mais pas pour longtemps grâce à ce dernier qui donne de l'énergie.

On ne recouvre que très rarement la 10e lame, sauf s'il y a doute sur le message. Dans le cas présent, l'Amoureux signifie que l'on se dirige vers une ou plusieurs choses, mais que, pour l'instant, on ne sait pas si c'est en bien ou en mal. On va donc la recouvrir. La Justice donne l'équilibre avant tout, on fera donc face à la situation dans le futur.

Comme on peut le constater, les 2e, 4e, 6e, 8e lames ne sont jamais recouvertes puisqu'elles représentent notre façon d'être aujourd'hui. Il arrive qu'un jeu soit parfait et qu'il n'y ait pas besoin de superposer les arcanes.

Ce jeu représente seulement un climat pour 1 mois, vous pouvez aussi consulter pour 3 mois.

Un autre tirage des 10 lames pour 3 mois.

On prend le jeu en main, on bat et on coupe en pensant aux trois prochains mois.

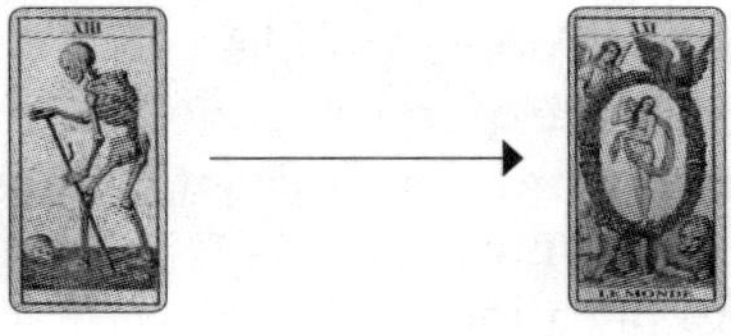

Transformation positive par la coupe. On reprend tout le jeu en main et on continue :

Explication

Coupe : Arcane sans nom, Monde.

Vous êtes représenté par l'Arcane sans nom. On désire changer et on va vers une transformation positive. Le Monde représente les mois à venir positifs.

On continue l'explication.

1re lame : Pendu, on est en attente de quelque chose ou d'un événement à venir.

2e lame : Arcane sans nom, aujourd'hui on veut transformer sa vie sentimentale.

3e lame : Force, avec force et vigueur.

4e lame : Étoile, tout va bien en ce moment dans le travail.

5e lame : Tempérance, et cela continue dans les mois prochains.

6e lame : Justice, équilibre du budget.

7e lame : Hermite, démontre qu'il y a équilibre mais peu d'argent (à développer).

8e lame : Lune, on se sent fatigué en ce moment.

9e lame : Bateleur, on devrait peut-être consulter quelqu'un de nouveau.

10e lame : Pape, malgré tout, on reste serein et tranquille dans les 3 mois à venir.

La coupe est positive, vous allez vers 3 mois positifs.

La lame du consultant se trouve être le Pendu. On ne peut la recouvrir, mais ce n'est pas forcément une mauvaise lame. On se trouve dans une situation de blocage, en attente de quelque chose qui ne saurait tarder.

Nous allons par contre recouvrir certaines lames du futur qui méritent un approfondissement.

On continue :

On continue l'explication du tirage en recouvrant les lames.

La 1re lame qui représente le consultant ne peut être recouverte, donc on se trouve dans une situation d'attente.

On recouvre la 3e lame pour le futur sentimental. On obtient donc la Force avec le Mat et le Soleil. On va vers une belle histoire où on va vivre des moments heureux avec le ou la conjoint(e) dans les mois à venir.

La 5e lame est recouverte pour le futur professionnel. La Tempérance est accompagnée de l'Empereur, ce qui implique que ce secteur de vie reste positif pour les 3 prochains mois.

On recouvre maintenant la 7e lame. On s'aperçoit que le climat financier va rester stable mais peu lucratif, et le Chariot superposé à l'Hermite confirme cet état de chose.

Enfin, la 9e lame, le Bateleur, est recouverte par le Diable et le Monde. On consulte un médecin traitant qui apporte un réconfort et une meilleure santé pour les mois à venir.

La 10e lame, le Pape, n'a pas lieu d'être approfondie, puisqu'elle dénote la sérénité face à l'avenir.

N'oubliez pas que ce tirage reste un climat pour 1 ou 3 mois.

À vos lames !

Tirage astrologique

Le tirage astrologique reflète la carte du ciel en astrologie, composé de 12 Maisons et de 12 lames.

Il va nous emmener dans l'approfondissement d'un tirage complet, concernant différents éléments de la vie quotidienne.

Tout d'abord, concernant les Maisons astrologiques :

Lame 1 : notre ego, notre moi.

Lame 2 : Maison des finances, de l'argent.

Lame 3 : Maison des petits trajets, des frères et sœurs.

Lame 4 : Maison de la famille, notre famille personnelle, père, mère, patrimoine. Votre foyer, si vous n'avez plus de parents.

Lame 5 : Maison de la création, des enfants, des jeux, de l'art.

Lame 6 : Maison du travail que l'on ne choisit pas, subalterne, petites maladies.

Lame 7 : Maison du couple, du conjoint, des associés.

Lame 8 : Maison des héritages, de la mort.

Lame 9 : Maison des voyages physiques et mentaux, spiritualité.

Lame 10 : Maison du travail indépendant, du travail personnel, réussite professionnelle.

Lame 11 : Maison des amis, proches ou lointains.

Lame 12 : Maison des ennemis, des maladies longues, hôpitaux.

À chaque Maison, nous allons installer une lame, donc 12. Déjà, nous avons un aperçu de la Roue astrologique. Pour aujourd'hui, nous allons ensemble essayer de l'interpréter.

Pratique

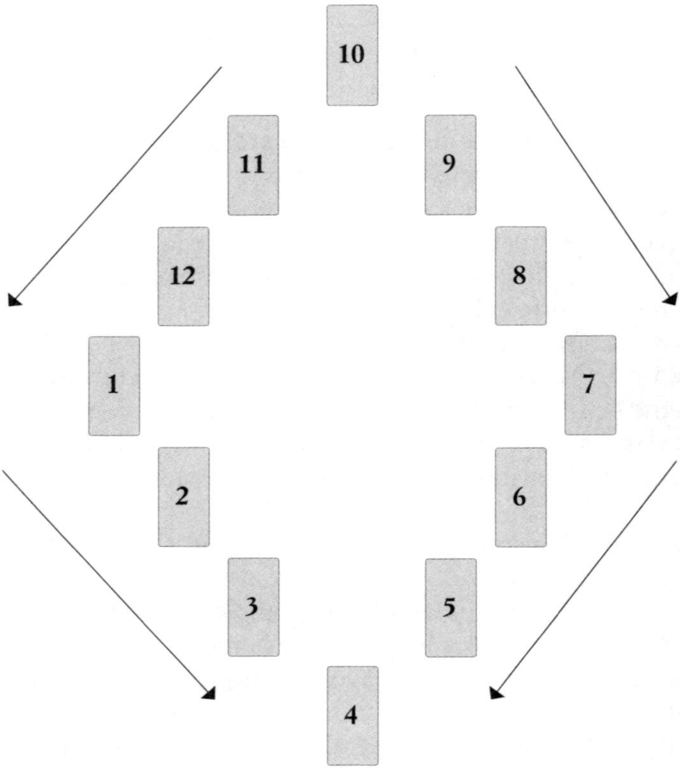

Suite du tirage à 12 lames : compléments

Après avoir tracé le cercle astrologique et installé les lames dans les Maisons, nous allons dissocier quatre Maisons principales : I, IV, VII, X.

• La Maison I : concerne l'ego, le Moi, le passé, et comment on se trouve, comment on se situe face à la question le jour même.

• La Maison IV : concerne notre famille propre, père, mère, patrimoine familial.

• La Maison VII : concerne le conjoint, l'associé, les associations, le mariage et le divorce s'il y a lieu.

• La Maison X : concerne le travail librement choisi, que l'on aime, les professions libérales, ou les professions importantes au sein d'une grande entreprise. Une certaine popularité, beaucoup de contacts.

Après ce petit aperçu, nous allons retracer un cercle et installer de nouveau les Maisons, et cette fois les concordances. C'est-à-dire :

Exemple pratique

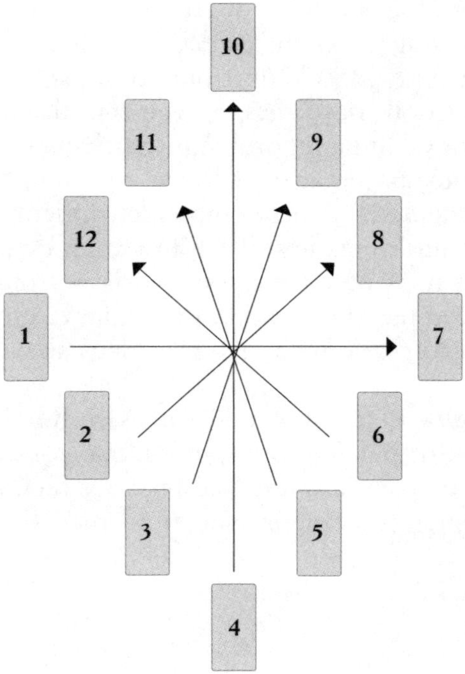

La Maison I va avoir comme alliance la Maison VII.
La Maison II va avoir comme alliance la Maison VIII.
La Maison III va avoir comme alliance la Maison IX.
La Maison IV va avoir comme alliance la Maison X.
La Maison V va avoir comme alliance la Maison XI.
La Maison VI va avoir comme alliance la Maison XII.

Traçons les traits d'alliance, afin d'interpréter ces Maisons réunies.

Nous allons étudier cette question par le tirage express des pages suivantes.

Approfondissement du tirage astrologique : climat

Nous sommes maintenant en présence de la Roue astrologique avec les Maisons et les différentes interprétations. Il est certain que ce tirage nous amène davantage à un climat (ou tour d'horizon) sur une période de 1 ou 3 mois, selon la demande. Grâce aux positions des lames, on voit tout de suite dans quel domaine le consultant a un problème particulier.

Nous ne pouvons pas, avec ce tirage, consulter l'avenir. Nous ne pouvons que nous rendre compte des difficultés du consultant dans certains domaines. Il est important de procéder à ce tirage lorsque nous ne connaissons pas la personne ou quand celle-ci ne pose pas de question particulière, ou bien encore si elle veut savoir ce qui va se passer dans sa vie de manière générale.

À ce moment-là, vous posez les lames en Roue astrologique – une lame suffit par Maison –, et lorsque vous constatez un problème particulier dans une Maison, vous refaites un tirage à part avec 4 lames, par rapport à ce problème.

Exemple de tirage astrologique

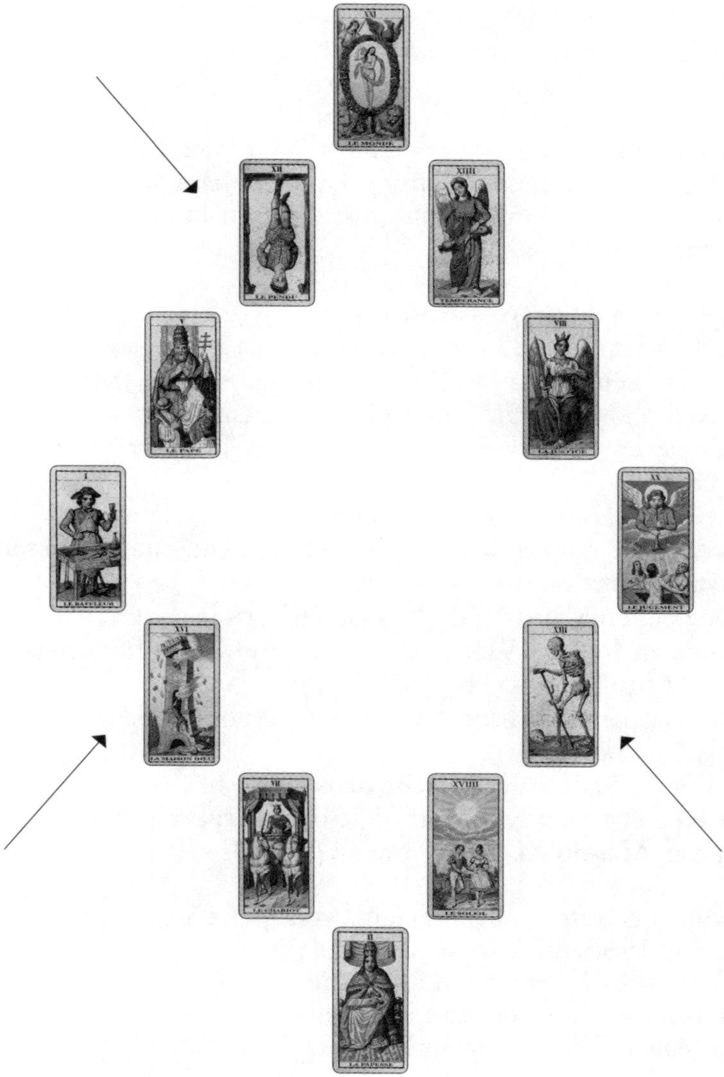

La Roue astrologique est posée.

On constate un problème dans les Maisons II, VI et XI. On reprend donc le jeu et on repose trois questions en tirage simple avec quatre lames.

Problème Finances pour la Maison II = lame XVI.

Problème Travail pour la Maison VI = Arcane sans nom.

Problème Amical pour la Maison XI = lame XII.

Ainsi, on obtient un tirage vraiment complet et pointu. On mène notre consultation tout seul en installant 3 tirages express.

Explication du tirage astrologique

Bateleur en Maison I : envie de faire plein de choses, activités.
Maison Dieu en Maison II : problème dans les finances.
Chariot en Maison III : multiples déplacements.
Papesse en Maison IV : sérénité dans le foyer et avec les parents.
Soleil en Maison V : joies par les enfants.
Arcane sans nom en Maison VI : petite fatigue sur le plan santé et transformation dans le travail.
Jugement en Maison VII : bon climat dans le couple.
Justice en Maison VIII : malgré des problèmes financiers, on arrive à équilibrer son budget.
Tempérance en Maison IX : projet de voyage dans quelques mois.
Monde en Maison X : réussite dans le travail.
Pendu en Maison XI : contrariété dans la sphère amicale.
Pape en Maison XII : équilibre en général.

Une fois cette explication faite, vous posez les tirages express pour les lames difficiles de ce tirage :

– Maison II concernant les finances,
– Maison VI concernant le travail,
– Maison XI concernant les amis.

Maison Dieu en II.
Arcane sans nom en VI.
Pendu en XI.

Vous pouvez maintenant approfondir ces trois sujets en tirage express.

C'est-à-dire :

• 1er tirage express : Finances, Maison Dieu (XVI) dans la Roue astrologique en Maison II.

Est-ce que l'état de mes finances va s'arranger ?

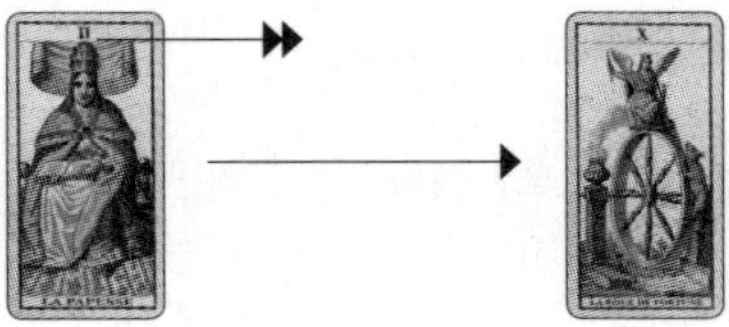

À la coupe, on obtient : Papesse, Roue de Fortune ; oui.

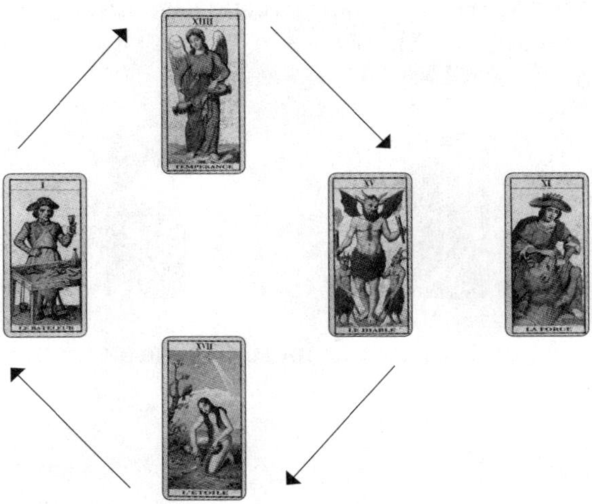

1re lame à gauche : Bateleur (I)
2e lame en haut : Tempérance (XIIII)
3e lame à droite : Diable (XV)
4e lame en bas : Étoile (XVII)
5e lame, résultante des 4 lames, 47, 4 + 7 = 11 : Force (XI)

Conclusion

Concernant vos finances, cela va s'arranger dans peu de temps et positivement.

Explication

Bateleur, nouvelle.
Tempérance, dans peu de temps.
Diable, d'argent.
Étoile, nouvelle positive et inattendue.
Force, qui arrive rapidement.

La coupe rejoint le tirage.

• 2e tirage express : Travail, Arcane sans nom (XIII) dans la Roue astrologique en Maison VI.

Mon travail va-t-il s'améliorer ?

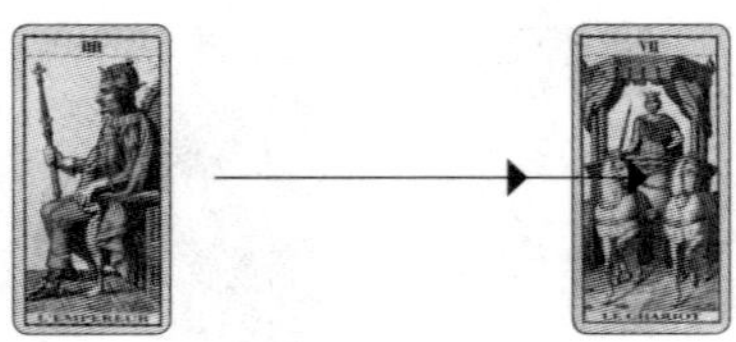

À la coupe, on obtient : Empereur, Chariot ; oui, on va vers la réussite.

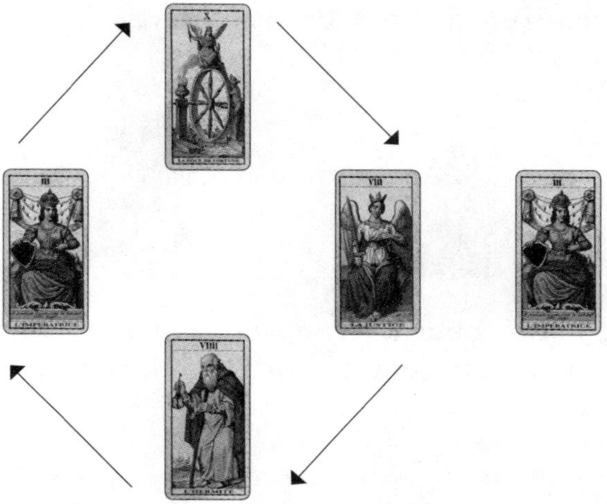

1re lame à gauche : Impératrice (III)
2e lame en haut : Roue de Fortune (X)
3e lame à droite : Justice (VIII)
4e lame en bas : Hermite (VIIII)
5e lame, résultante des 4 lames, 30 = 3 : Impératrice (III)

Conclusion

Amélioration dans le travail qui ramènera un certain équilibre, mais malgré tout il faudra rester patient.

Explication

Impératrice, consultant.
Roue de Fortune, changement.
Justice, retour à l'équilibre.
Hermite, mais dans un certain temps.
Impératrice, réussite.

La coupe rejoint une nouvelle fois le tirage.

• 3e tirage express : Amis, Pendu (XII) dans la Roue astrologique en Maison XI.

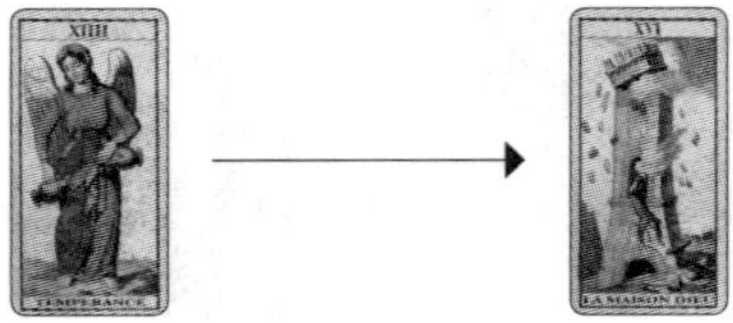

À la coupe, on obtient : Tempérance, Maison Dieu ; effectivement on rencontre des problèmes dans la sphère amicale.

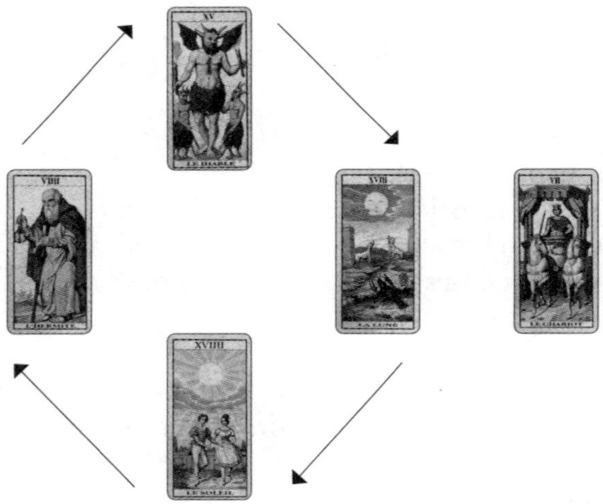

1re lame à gauche : Hermite (VIIII)
2e lame en haut, Diable (XV)
3e lame à droite, Lune (XVIII)
4e lame en bas, Soleil (XVIIII)
5e lame, résultante des 4 lames, 61, 6 + 1 = 7 : Chariot (VII)

Conclusion

On se sent seul, anxieux, triste, un peu en retrait, cela devrait aller mieux prochainement.

Explication

Hermite, on se sent seul.
Diable, anxieux.
Lune, triste et en retrait.
Soleil, cela devrait aller mieux.
Chariot, on devrait bientôt retrouver le sourire.

Dans ce cas, la coupe ne reflète pas le tirage. Il était utile d'approfondir par ce tirage express.

Lames difficiles dans la Roue astrologique

Maison Dieu (XVI)

En…

• Maison I : cette lame positionnée ainsi donne souvent un état cafardeux. On se sent mal par rapport à une situation. Bien regarder les lames qui l'entourent, c'est-à-dire les Maisons XII, II et VII.

• Maison II : en Maison II, on rencontre des difficultés de trésorerie. Regarder aussi la lame en Maison VIII pour confirmer cet état de fait.

• Maison III : on ne se sent pas bien par rapport à la famille proche (frères, sœurs), conflits. Faire attention également sur la route. Regarder en parallèle la Maison IX.

• Maison IV : on peut se disputer avec ses propres parents. Cette lame correspond aussi à des problèmes matériels ou de santé pour la famille.

• Maison V : difficultés rencontrées par rapport aux enfants, ou bien difficulté pour concevoir un enfant, création.

• Maison VI : on peut rencontrer des problèmes dans son travail, avec les supérieurs. Cela peut être aussi un petit problème de santé (angine, grippe).

• Maison VII : on rencontre des problèmes de compréhension avec des collègues de bureau, ou dans le couple.

• Maison VIII : problème de finances, capitaux, d'assurance.

• Maison IX : on peut faire des cauchemars, difficulté de récupération. Si on a projeté de faire un voyage, il peut être annulé ou remis. Possibilité de procès.

• Maison X : on rencontre des problèmes dans son travail. Si on projetait de créer quelque chose, c'est retardé.

• Maison XI : mésentente avec les amis, incompréhensions, disputes.

• Maison XII : on se sent fatigué, le moral peut être en baisse. Regarder les lames en Maison XI, I et VI.

Tempérance (XIIII)

En…

• Maison I : mouvement dans la vie de tous les jours, on va vers quelque chose. Regarder en parallèle la Maison VII.

• Maison II : mouvement ou transactions, demande de prêt, assez positif dans le domaine financier.

• Maison III : déplacement vers la famille ou nombreux petits trajets.

• Maison IV : les parents peuvent vouloir se déplacer ou changement pour ceux-ci dans la vie de tous les jours.

• Maison V : on peut vouloir faire quelque chose de nouveau dans un domaine artistique. Déplacement avec les enfants ou vers les enfants.

• Maison VI : petit changement dans le travail, déplacement dans celui-ci. Problèmes aux jambes, mauvaise circulation. Voir la lame en Maison XII.

• Maison VII : remue-ménage dans le couple, ou possibilité de nouvelle rencontre pour quelqu'un de seul.

• Maison VIII : bouleversement dans les finances, favorable en général. Voir la lame en Maison II.

• Maison IX : projet de voyage lointain et nombreux rêves.

• Maison X : transformation dans le travail – toujours rajouter une lame dans cette situation pour affiner.

• Maison XI : retrouvailles d'anciens amis ou tout simplement visite de ceux-ci, mouvement, invitation.

• Maison XII : concerne la santé; mauvaise circulation, légères palpitations. Regarder en parallèle la lame en Maison VI.

Bateleur (I)

En…

• Maison I : grande indépendance, élan, puissance d'action sur les événements.

• Maison II : possibilité de gains, accroissement dans ce domaine.

• Maison III : on peut vouloir faire un petit voyage. Aide des frères et sœurs.

• Maison IV : événement dans la sphère familiale touchant davantage les parents ou grands-parents.

• Maison V : naissance d'un nouvel amour, rencontre, mais aussi création pour les artistes, création d'une entreprise ou d'autre chose.

• Maison VI : réception d'une nouvelle dans le travail. Un nouveau départ professionnel, des responsabilités nouvelles, promotion. Positif dans le travail.

• Maison VII : la vie conjugale peut prendre un nouveau départ. Discussions dans le couple.

• Maison VIII : changements financiers dans le quotidien dus à des crédits, emprunts, succession, legs, assurances.

• Maison IX : des nouvelles concernant un voyage. Fait venant de l'étranger. Nouvelles par rapport à un procès, études supérieures, concours.

• Maison X : joies dans le travail ou un art. Regarder toujours les lames en Maison I, VII et IV, puis faire l'analyse.

• Maison XI : nouvelles d'amis, succès social ou amical, possibilité d'aide amicale.

• Maison XII : manque de jugement. Des conflits sont à craindre, la diplomatie sera nécessaire. On angoisse par rapport à une nouvelle que l'on attend depuis longtemps.

Amoureux (VI)

En…

• Maison I : lame de discussion, de choix par rapport à une décision à prendre, la lame dans cette position peut concerner un enfant, adolescent, ou Gémeaux.

• Maison II : possibilités de multiples ressources, vie financière fluctuante et intéressante.

• Maison III : petits déplacements, frères et sœurs ; on peut se déplacer vers eux.

• Maison IV : aide matérielle des parents, visite des parents ou grands-parents.

• Maison V : on peut travailler avec les enfants, création, visite de petits-enfants.

• Maison VI : multitude de choses à faire dans son travail ; on peut souffrir de petits maux, soucis.

• Maison VII : provoque des soucis dans le domaine sentimental avec le conjoint ; indique la rencontre d'une personne plus jeune ou encore d'un Gémeaux.

• Maison VIII : peu favorable à l'amour, on peut perdre quelqu'un de cher, ou perdre l'amour tout simplement. Perte d'une affection.

• Maison IX : plusieurs choix pour un grand voyage. On peut aussi se souvenir d'un tas de rêves. L'amour peut être relié à l'étranger, rencontre à l'étranger de l'amour, ou rencontre d'un étranger tout simplement.

• Maison X : plusieurs passions, plusieurs cordes à son arc dans le travail ; on peut d'ailleurs travailler avec beaucoup de monde autour de soi.

• Maison XI : possibilité d'une amitié se changeant en amour, et vice versa ; beaucoup d'amis autour de soi.

• Maison XII : perte d'une affection. Par rapport à la santé, dilapidation de l'énergie, les poumons sont fragilisés, les avant-bras et les mains.

Lune (XVIII)

En...

• Maison I : on se sent dans une situation de flottement, d'indécision, un peu pessimiste sur l'avenir.

• Maison II : fluctuations de gains, davantage de clientèle (commerce, entreprise), mouvement financier.

• Maison III : mouvement dans l'entourage, petits voyages, visites frères et sœurs, distractions.

• Maison IV : changements dans la famille, déménagements ; on peut aussi se faire du souci pour les parents.

• Maison V : annonce d'une naissance, surtout associée au Bateleur. Création de quelque chose, entreprise ou autre. Fécondité, popularité, chance pour les enfants, chance aux jeux.

• Maison VI : changement dans le travail, petits soucis de santé (digestion). On peut aussi avoir un travail de nuit ou un travail qui demande de l'imagination.

• Maison VII : association, mariage, nouvel amour, positif dans les rapports avec collègues ou associés.

• Maison VIII : risque de mauvaise santé pour les parents, inquiétudes, nouvelles concernant de nouveaux capitaux, biens immobiliers, assurances, legs.

• Maison IX : projet de voyages, rêves, intuition, chance dans les procès.

• Maison X : accroissement des responsabilités dans le travail, reconnaissance, foule.

• Maison XI : élargissement du cercle amical, possibilité d'invitation en soirée, toutefois on peut douter de la sincérité de ses amis proches. Trouble dans les relations.

• Maison XII : difficultés concernant le foyer, tensions conjugales ou santé fragile, plus particulièrement sur le plan féminin (voir Maison VI en parallèle).

Soleil (XVIIII)

En…

• Maison I : lame rayonnante, personnalité attrayante. Reflète la joie, le bonheur.

• Maison II : possibilité de fortune, de gain venant du père ou du mari. Représente un apport financier considérable, permet un rôle social, la progression de la fortune.

• Maison III : importance des écrits. Meilleur dans un signe d'air. Étude brillante, déplacements. Peut exprimer la réussite d'un frère.

• Maison IV : éclat et réussite en fin de vie. Le père peut jouer un rôle important et aider à la réussite. Bien immobilier important. Autorité sur sa famille.

• Maison V : amour, bonheur familial. Succès dans l'art ou aussi dans le professorat, l'Éducation nationale. Peu d'enfants, mais satisfaction, réussite sur eux. Rencontre amoureuse.

• Maison VI : autorité dans le travail, affirmation dans ce domaine. Pour une femme, rencontre dans le travail. Vitalité à surveiller, cœur et appareil circulatoire.

• Maison VII : permet la manifestation d'une action sociale. Générosité à l'égard d'autrui. Les contrats et le mariage sont favorisés. Réussite tardive, élévation. On peut avoir des amis dans le travail.

• Maison VIII : perte de quelqu'un de cher (plutôt masculin). Possibilité d'un héritage important.

• Maison IX : accorde un idéal, favorise l'enseignement, entraîne quelquefois une mission représentative importante, souvent à l'étranger. Éclaire la conscience. Protections.

• Maison X : donne de l'éclat à la situation, une influence majeure d'un des parents, plutôt le père. Pouvoir de décision, on aime son métier, cela peut être une passion. Situation en vue.

• Maison XI : protection par les amis, ceux-ci peuvent être nombreux. Attrait pour la politique, aptitudes sociales.

• Maison XII : épreuves diverses qui forment la personnalité. Attrait pour les choses cachées, occultes.

Démonstrations de plusieurs tirages

Tirage de la semaine

Prenez le jeu de 22 lames, battez-le, coupez. La coupe reflète déjà un petit aperçu de la semaine.

Disposez devant vous les 22 lames, et choisissez-en 14 que vous disposerez ainsi : deux rangées de 7 lames dans cet ordre, puisque 7 jours dans la semaine.

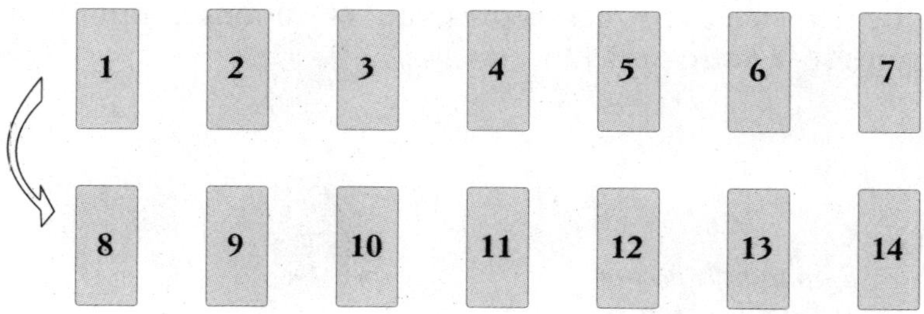

L'interprétation va commencer à partir du jour où vous vous posez la question au sujet de votre semaine. Par contre, si vous posez la question un soir, votre semaine commencera le lendemain.

Tirage concernant un projet

Faites ce tirage méthodiquement. Ce tirage fonctionne avec trois paquets de cartes.

Battez les 22 lames en pensant fortement à votre projet ou à une autre question importante. Après avoir battu les 22 lames, déposez le paquet devant vous et faites deux autres paquets que vous disposerez à la suite, à la droite du paquet initial. Retirez le paquet du milieu, car c'est avec les deux restants que vous allez faire votre tirage. Retournez le premier paquet côté dessin et étalez verticalement les lames (faites tout simplement glisser les lames les unes en dessous des autres). Procédez de la même manière pour le troisième paquet.

Le premier paquet (celui qui comprenait au départ 22 lames) représente la question posée, le projet.

Le troisième paquet représente la réponse, bonne ou mauvaise, à votre projet.

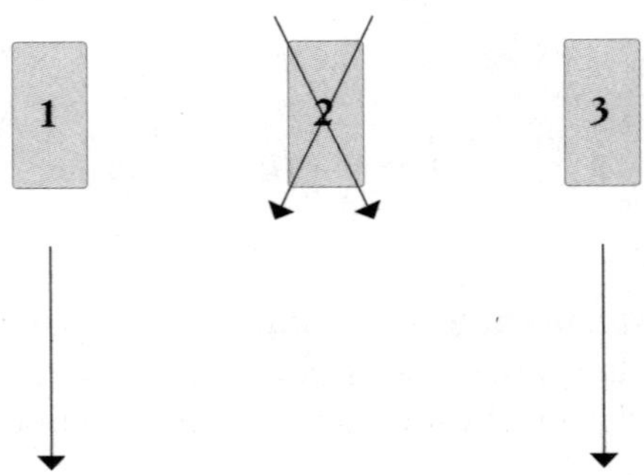

Retournez le paquet et faites-le glisser en descendant

Exemple pratique

Battez le jeu en pensant fortement à votre question.

On retourne les paquets 1 et 3 et on les fait glisser vers le bas.

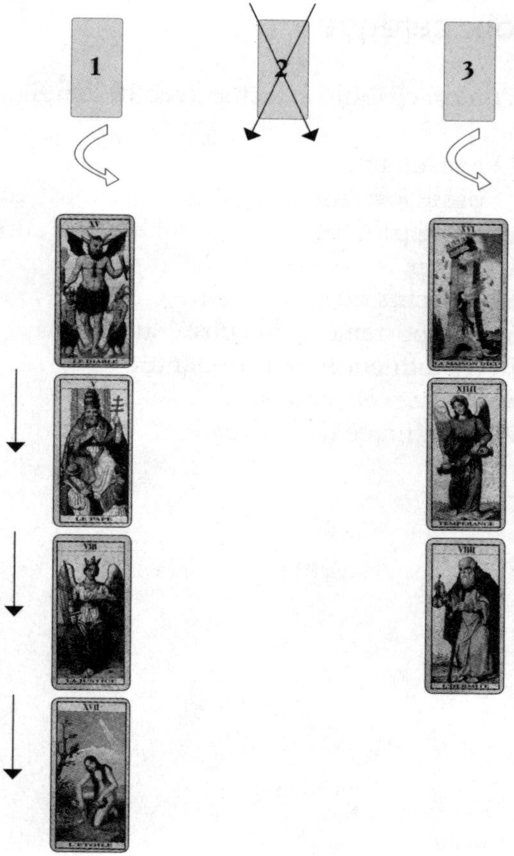

Ce n'est qu'un exemple ; les paquets 1 et 3 peuvent être beaucoup plus volumineux. Ensuite, vous interprétez au mieux en vous référant aux flashes du tarot. Ce tirage est un peu compliqué, il faut de la pratique.

La croix celtique

C’est un oracle qui s’effectue avec 10 lames.

Lame 1 : consultant.
Lame 2 : passé lointain.
Lame 3 : passé proche.
Lame 4 : avenir.
Lame 5 : objectifs du consultant.
Lame 6 : comportement du consultant.
Lame 7 : les influences environnantes.
Lame 8 : craintes et espoirs.
Lame 9 : issue finale de la situation.

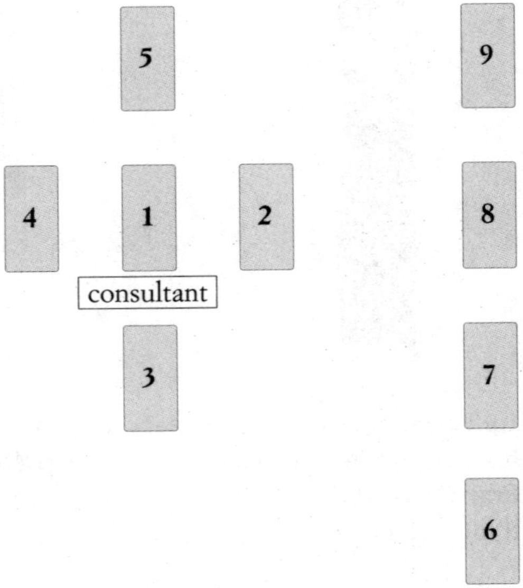

Le jeu du prénom

Battez le jeu en pensant fortement à la personne concernée. Coupez et installez sur la première ligne le prénom, ensuite remettez le même nombre de lames en dessous, retournez-les.

Exemple : le prénom Marie (5 lettres)

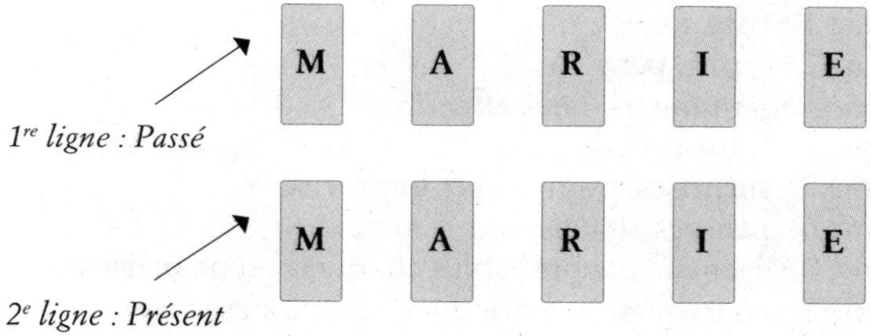

Pour une personne nommée Marie, il faut donc étaler deux fois 5 lames, retourner et interpréter. La première ligne du haut représente le passé de Marie, la seconde représente son futur.

Vous avez devant vous l'Oracle du moment, c'est un tirage que vous pouvez envisager lorsque vous ne connaissez pas la personne. Ce tirage rejoint la Roue astrologique et le tirage à 10 lames.

Vous pouvez aussi interpréter ce jeu différemment. Première ligne : pensée du consultant ; deuxième ligne : physique du consultant.

Oracle du miroir

Tout d'abord reprenez le tarot, battez-le en ne pensant à rien de spécial. En effet, ce tirage représente un tour d'horizon, un peu comme la Roue astrologique et le tirage des 10 lames.

Tirez une lame du jeu, placez-la découverte sur la table au centre ; elle vous représente.

Lame 1 : consultant.
Lame 2 : esprit, pensées.
Lame 3 : sentiments, liens affectifs.
Lame 4 : futur proche.
Lame 5 : surprises, événements imprévus.
Lame 6 : pensées et actions des autres.
Lame 7 : événements probables auxquels on ne pense pas.
Lame 8 : conséquence des actions accomplies.
Lame 9 : avenir lointain.

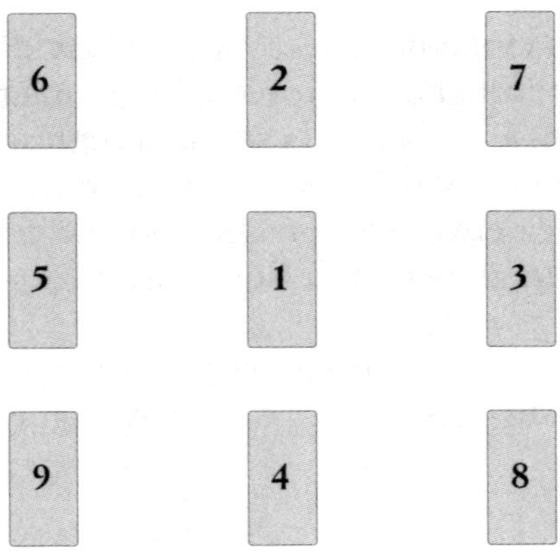

N.B. : On ne recouvre pas les lames, sauf la dernière (la 9e) qui peut donner des précisions sur l'avenir lointain si nécessaire.

En partant de la lame 1, puis 2, puis 3, puis 4, et en continuant jusqu'à la lame 9, on peut constater que l'ensemble ressemble à un escargot avec pour tête la lame 9.

Pour finir, une méditation qui vous amènera au calme nécessaire pour mieux consulter vos lames ou tout simplement retrouver le calme après le stress du quotidien.

Méditation : 3 plans d'énergie

Tout d'abord, éteignez votre portable, coupez le son du téléphone ou décrochez le combiné, pas de machine à laver en route, ni de télévision. Vous pouvez mettre un fond de musique douce. Faites cette méditation si vous êtes sûr de ne pas être dérangé.

Allongez-vous sur votre lit, fermez les yeux, détendez-vous. Pour ce faire, remuez les pieds en faisant des ronds, le droit puis le gauche. Remontez tout doucement jusqu'aux genoux, visualisez-les et bougez-les afin de les détendre. Ensuite, toujours en remontant, contractez vos cuisses puis relâchez-les. Réitérez le geste trois fois. Puis, dans cet ordre, bougez les hanches, tendez les mains, les coudes, remuez les épaules et enfin le cou. En fait, vous visualisez chaque partie de votre corps en partant des pieds jusqu'à votre tête. Vous devez commencer à vous détendre. Alors, vous soufflez plusieurs fois et inspirez afin de gonfler votre ventre, expirez 1 fois, 2 fois, 3 fois, et plus si nécessaire ; vous rentrez ainsi doucement en méditation…

Vous visualisez votre voiture ou votre vélo dans le garage. Vous avez pris un sac à dos avec de l'eau et quelque chose à grignoter. Vous arrivez près d'un grand parc où vous vous garez. Sortez de la voiture, déchaussez-vous et marchez. Vous sentez l'herbe fraîche sous vos pieds. Vous marchez pendant un moment et apercevez une colline avec un petit raidillon sablonneux. Vous montez doucement en appréciant la nature, le petit papillon proche de vous, les champs à perte de vue. Vous rencontrez beaucoup de monde qui prend le même chemin que vous.

Vous arrivez à une aire aménagée avec des bancs, une grande étendue d'herbe, des enfants qui jouent au ballon, d'autres à la marelle ; des personnes âgées les attendent avec leurs goûters. Reposez-vous un peu, buvez, soufflez. Puis, vous décidez de reprendre votre balade, toujours en suivant le raidillon. Vous montez un peu plus haut, vous commencez à peiner, il y a de moins en moins de monde, la végétation est luxuriante, le soleil chauffe. Vous commencez à être fatigué et vous le sentez.

Arrive le deuxième palier, avec un point de vue superbe, des bancs sont aussi installés et vous décidez de vous restaurer. Vous vous rafraîchissez, regardez le ciel bleu et l'environnement enchanteur, l'air est parfumé, vous vous sentez bien et détendu. Un peu plus tard, vous décidez de continuer la balade et montez toujours en direction de la troisième aire.

Une fois arrivé, vous sentez le calme vous envahir. Vous vous installez pour contempler la vue. Vous avez dès lors un paysage nouveau, la mer bleu marine, avec quelques bateaux de plaisance, des pêcheurs. Vous sentez la paix vous envahir, une autre personne est assise sur un banc, vous n'êtes que deux sur cette aire. Vous décidez de vous allonger dans l'herbe afin de reprendre des forces, tout est calme et magnifique. Vous pouvez ainsi vous poser toutes les questions du moment, surtout celles qui n'ont pas eu de réponse. Vous pouvez rester là de 15 minutes à 1 heure afin de vous ressourcer.

Quand vous en avez terminé, vous reprenez votre sac et redescendez. Le chemin vous semble plus facile, vous soufflez tout en regardant ce spectacle que vous offre encore la nature. Vous arrivez sur la deuxième aire. Il y a un peu plus de monde. Vous vous asseyez sur un banc, buvez, soufflez, et repartez de pied ferme pour le premier palier. Vous descendez toujours, humez l'air, et vous arrivez enfin. Là, vous retrouvez les enfants qui jouaient, les grands-parents, le bruit. Vous décidez de retrouver la prairie, vous marchez jusqu'à votre voiture, vous remettez vos chaussures et rentrez dans votre voiture. Vous retournez à la maison.

Vous pouvez faire cette méditation partout ; il faut avant tout la maîtriser chez vous afin de mieux aborder votre tarot et d'obtenir des réponses plus guidées. En effet, il arrive qu'un, voire plusieurs tirages ne donnent rien. Cette méditation amène à rentrer dans l'intuition, à dépasser la raison en nous appuyant sur le travail des chakras. Puisqu'il s'agit d'une initiation, nous n'en avons abordé que trois (il en existe sept au total) en nous visualisant sur trois paliers. Le premier représente le chakra racine et se situe au niveau de l'aine, le deuxième nous conduit au deuxième chakra situé au nombril (chakra de la rate). Pour finir, le dernier chakra évoqué est le plexus solaire. En fait, lors de la méditation, vous vous enfoncez doucement dans votre inconscient, laissant le corps et donc la matière derrière vous.

L'idéal serait d'enregistrer cette méditation sur un fond de musique douce, ainsi cela vous semblera plus facile.

Épilogue

Le tarot est, comme vous avez pu le constater, accessible à tous. Il est un moyen de communication, de transmission des ondes, un voyage dans l'invisible où les lames viennent nous éclairer sur les péripéties ou événements auxquels nous devons faire face tous les jours.

Je pense vous avoir fourni, tout au long de ce livre, les outils pour développer au mieux votre intuition par le tarot. Il vous reste maintenant à le travailler. Surtout n'hésitez pas à le conserver sur vous, à l'utiliser quand vous en ressentez le besoin afin de décoder, interpréter les lames et ainsi répondre à toutes les questions que vous vous posez.

Pensez que le silence est préférable lorsque vous faites un tirage à quelqu'un et que vous doutez de vous et de votre interprétation. En effet, la destinée est cachée à chacun de nous ; il est plus facile de découvrir celle des autres.

Face à une question posée où la réponse ne vous semble pas claire, la meilleure solution est de revenir sur cette interrogation, de prendre votre temps, de laisser venir à vous le calme, la sérénité, les mots. Toute précipitation dans ce domaine pourrait amener une mauvaise interprétation.

Ce n'est qu'après maintes et maintes consultations des lames que vous obtiendrez des réponses claires. N'oubliez pas que des paroles mal perçues peuvent engendrer des maux difficilement guérissables dans l'esprit du consultant.

Lexique

Arcane : synonyme de carte divinatoire et lame.

Chakra : centre de force du corps subtil (il y a sept chakras).

Consultant(e) : personne qui interroge la voyante ou cartomancienne.

Ésotérisme : ensemble de doctrines secrètes, réservées aux initiés.

Express : courte explication d'une lame ou carte du tarot.

Intuition : fait, idée ou événement que l'on ressent avant même qu'il se produise.

Lames : cartes du jeu de tarot ou arcanes.

Lames majeures : l'âme du tarot de Marseille, cœur du tarot (22 lames).

Médium : personne ayant le don de communiquer avec le monde de l'invisible.

Ondes : personne dégageant un certain rayonnement positif ou négatif.

Oracle : jeu de tarot, lames.

Résultante : total des 4 lames dans un tirage express.

Rituel : façon de s'installer avant de commencer une consultation.

Tirage express : tirage rapide, le plus clair possible, avec 4 lames et une résultante.

Visualiser : imaginer ce que l'on aimerait voir vraiment devant soi.

Table des matières

Composé par Palimpseste

Achevé d'imprimer en janvier 2008
par l'Imprimerie Floch
à Mayenne

Dépôt légal : février 2008
N° d'éditeur : 10130
N° d'imprimeur : 70260

Imprimé en France